Couverture inférieure manquante

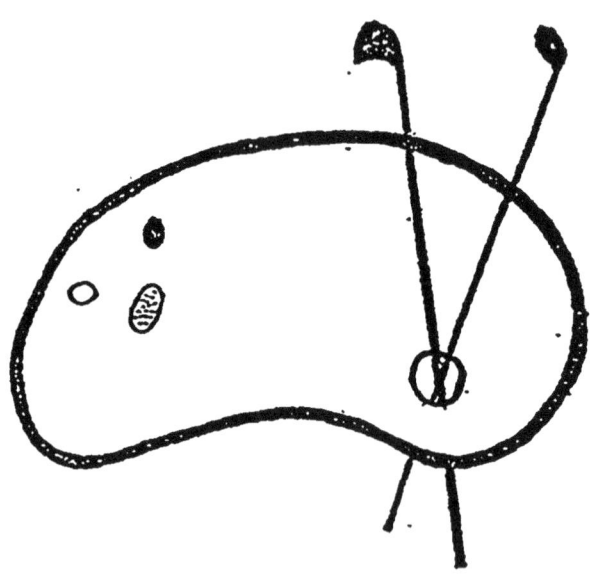

ORIGINAL EN COULEUR
NF Z 43-120-8

CHAMPFLEURY

L'AVOCAT

TROUBLE-MÉNAGE

PARIS

E. DENTU, ÉDITEUR

LIBRAIRE DE LA SOCIÉTÉ DES GENS DE LETTRES

PALAIS-ROYAL, GALERIE D'ORLÉANS, 17 ET 19

L'AVOCAT TROUBLE-MÉNAGE

L'AVOCAT
TROUBLE-MÉNAGE

PAR

CHAMPFLEURY.

PARIS
E. DENTU, LIBRAIRE-ÉDITEUR,
17, 19, GALERIE D'ORLÉANS, 17, 19.

1870

A MON AMI

ÉDOUARD MANET

PRÉFACE

I

Un conteur japonais, Riou-teï-Tané-fiko, qui me paraît railler volontiers ses confrères, dit dans la préface du roman *les Six Paravents considérés comme la représentation du monde passager* :

« On ne trouvera dans ce livre
« Ni magiciens,
« Ni sorcellerie,

« Ni contes de fées,

« Ni chacals, ni loups, ni crapauds,

« Ni exploits contre l'ennemi ;

« Des arbres généalogiques, des bijoux et autres choses vaines ne s'y trouvent pas davantage ;

« La similitude de nom entre le père et le fils, entre le frère aîné et le frère cadet, des coffres scellés et des aiguilles de tête, des révélations des dieux et de Boudha par les songes, des glaives meurtriers tournés les uns contre les autres, choses qui font glacer le sang, ne s'y rencontrent en aucune façon. »

Le hasard a voulu que la plupart des utiles moyens dramatiques énumérés par l'humoristique auteur des *Six Paravents* manquent également au roman de *l'Avocat Trouble-Ménage*.

Mais on trouvera en plus, ce qui au premier abord semble étranger au livre actuel, le récit authentique d'une visite de l'auteur à un administrateur de théâtre.

•

———

II

Un jour, passant dans le quartier de l'Odéon, je me souvins qu'il existait un directeur de Théâtre à qui la nation confie la mission du développement dramatique des « jeunes auteurs. »

M'étant fait annoncer chez M. de Chilly :

— Avez-vous, Monsieur, lui dis-je, une heure à perdre à lire une comédie qui n'est pas coulée, je crois, dans le gaufrier dramatique habituel ?

— Je serais très-curieux, me dit le directeur, de prendre connaissance de votre comédie... Est-elle en vers ?

On était mal informé à l'Odéon.

— Ma comédie, Monsieur, est en prose.

— Tant mieux, me dit M. de Chilly.

Ce *tant mieux* me parut bizarre.

— En prose, reprit le directeur, nous pouvons vous jouer immédiatement.

— Enfin, pensé-je, voilà un homme qui comprend sa mission.

Cependant, après un instant de réflexion :

— Vous êtes donc bien à court, dis-je au directeur. Immédiatement ! Vous m'effrayez ! Mais quand même cette comédie vous paraîtrait possible, un certain travail de remaniement me semble indispensable... Je suis d'une ignorance absolue en subtilités dramatiques... Ma comédie doit être bourrée de fautes... Peut-être n'a-t-elle pas le sens commun !

— Vous faites singulièrement l'article, me dit M. de Chilly, qui eût désiré sans doute que je prisse une attitude inspirée en murmurant le mot : chef-d'œuvre !

Une parole qui sonne toujours bien.

— Telle qu'elle est, consentez-vous, Monsieur, à lire la comédie et à me faire connaître vos impressions ?

— Certainement. Apportez-moi votre pièce. Avant huit jours elle sera lue, et je vous écrirai.

Pour ne pas déranger l'honorable directeur de l'Odéon par une nouvelle visite, j'allai moi-même porter le lendemain chez le concierge la comédie soigneusement enveloppée.

— Est-ce un manuscrit ? me demanda celui-ci d'une voix menaçante.

Je pensai que j'avais sans doute affaire à un membre du comité de lecture de l'Odéon, et pour lui prouver que j'avais quelque accointance avec son directeur :

— Non, lui dis-je, portez vite ; c'est un cadeau qu'une dame envoie à M. de Chilly.

Huit jours, une quinzaine, un mois, six semaines se passèrent sans que j'eusse des nouvelles de mon *cadeau*.

Inquiet sur le sort du manuscrit que vraisemblablement avait reconnu pour tel l'honorable membre du comité de lecture qui, par un cumul de pouvoir, tire en même temps le cordon « aux artistes », j'écrivis au directeur.

On ne me répondit pas. J'écrivis de nouveau. Pas de réponse. On n'était pas pressé dans cet endroit tranquille.

Sans la bienveillante insistance d'un haut fonctionnaire du ministère d'État, il est douteux que je fusse rentré en possession de ma comédie.

La vérité, je m'en doutais, était que le directeur de l'Odéon craignait de me répondre, tant la lecture de la pièce l'avait consterné.

Des ordres ayant été donnés pour que la comédie me fût remise en mains propres, je pris le chemin du quartier latin, jouissant par avance du spectacle de cette consternation.

Il faut dire que ma comédie ne comporte pas de *traître*, et que l'ancien comédien Chilly, qui a tenu longtemps cet emploi, ne juge une composition dramatique qu'au point de vue du développement du traître.

Comment agit le traître ? Le traître est-il assez corsé ? Moi-même aurais-je créé avec quelque satisfaction le rôle du traître ? Telle est la marotte qui s'agite dans le cerveau de M. de Chilly en lisant une pièce.

Ce qui le choquait particulièrement venait des fautes scéniques de ma comédie.

— Je croyais vous avoir suffisamment prévenu, lui dis-je.

Certains redoublements de scènes, le directeur me les signalait d'un ton chagrin.

— Qu'importe, disais-je, une comédie se modèle sur les planches... Je n'ai pas peur de couper... Les sacrifices ne me coûtent rien... Et il y a longtemps que je reconnais la profondeur du mot de M. Scribe : ce qui est coupé n'est jamais sifflé.

L'entretien un peu vague dura un quart d'heure, pendant lequel il ne fut pas question de l'ensemble de la comédie. L'idée terrifiait certainement le directeur de l'Odéon ; mais il n'avait pas le courage de le dire, et s'en tenait prudemment à quelques détails sans importance.

Pour terminer, M. de Chilly me parla avec enthousiasme de M. Ponsard. C'était une leçon de belles-lettres qu'on me donnait d'une manière détournée. Le directeur de l'Odéon allait une fois de plus monter *Lucrèce*, « cet ouvrage, ajouta-t-il, si remarquable par la quantité considérable de vers bien frappés. »

— Si bien frappés, dis-je, que j'en ai gardé huit jours des bleus au derrière.

On se doute si je fus regardé avec stupéfaction.

Comment des vers de M. Ponsard, un si parfait poète dramatique, avaient-ils pu frapper un homme dans l'endroit protégé actuellement par un des fauteuils du second théâtre impérial ? Il était visible que M. de Chilly ne s'en rendait nullement compte.

— Il y a longtemps, dis-je, c'était en 1844 (M. de Chilly m'observait du coin de l'œil, et moi je cherchais à flatter sa manie tragique en le prenant pour confident), j'avais mis de côté quelques francs pour assister, en compagnie de Mürger, à la première représentation d'un ouvrage qui, disait-on, devait changer la face du théâtre moderne. (Ici, M. de Chilly fit un signe de tête approbateur.) Après trois heures de queue, nous pénétrâmes, Mürger et moi, dans le parterre, et, le rideau levé, le public fut à même de constater en effet une certaine quantité de ces vers bien frappés, dont toutefois on n'entendait que les rimes, l'enthousiasme étant arrivé, dès le début, à un paroxysme énorme. (De la main, M. de Chilly sembla approuver l'exactitude de mon récit.) A cette époque, je goûtais médiocrement les vers. (D'un œil suppliant, M. de Chilly sembla me demander pourquoi.) Mürger était enthousiaste de toute poésie. (M. de Chilly, visiblement satisfait, inclina la tête à diverses reprises pour saluer l'ombre de Mürger.) Cependant, en cette circonstance, nous nous entendions, et les acclamations prolongées des assistants nous ayant fait perdre patience, nous fîmes entendre quelques *chuts*. (La bouche de M. de Chilly s'arrondit comme pour laisser passer un *oh !* plein de reproches.) La frénésie d'admiration qui redoublait à chaque mot changea nos *chuts* en sifflets. (De la main gauche, M. de Chilly se voila la face.) Alors des messieurs menaçants se levèrent de l'orchestre pour nous vouer aux dieux infernaux.)—(*Vous l'aviez bien mérité*, fit une des mains de M. de Chilly). Comme les imprécations des amis de l'auteur ne suffisaient pas à rétablir l'ordre, une escouade de gardes municipaux entra dans le parterre, fusil en avant. (L'œil gauche de M. de Chilly témoigna d'une certaine pitié; mais l'œil droit de l'honorable directeur tenait certainement pour une sévère répression.) Les étudiants furent balayés avec force horions. (*Que voulez-vous ?* fit de nouveau la main de M. de Chilly, *force doit rester à la loi.*)—Et c'est ainsi qu'en tentant d'échapper aux gardes municipaux, je reçus un désagréable coup de crosse qui me laissa les traces dont j'avais, Monsieur, l'honneur de vous entretenir.

III

Il ne faut pas absolument s'étonner des singuliers raisonnements des directeurs de théâtres, asservis plus qu'ils ne se l'imaginent au tout Paris, friand de primeurs diverses : petits pois, jolies filles et pièces nouvelles.

Un peu blasé, ce tout Paris voudrait qu'on lui offrît quelque chose de particulier qu'il n'eût jamais vu ni entendu, qui l'excitât, le remuât.

— Où y a-t-il quelque chose de neuf? se

demandent les fournisseurs habituels de tout Paris, dont on entend au loin la voix grondante qui sans cesse demande : du nouveau ! du nouveau !

Mais ce nouveau, quand parfois il se présente, semble du poison, tant il excite d'indignation.

Tout poëte, compositeur ou peintre, qui, pour son malheur, apporte une seule parcelle de nouveau, est traité comme sa hardiesse le mérite.

— Ce n'est pas encore là le nouveau que j'attendais, se dit Paris.

Atteint d'anémie et ne pouvant digérer les fruits verts, Paris préfère un nouveau modéré qui se rattache aux choses connues, un nouveau qui ne choque pas et dont les angles soient suffisamment arrondis.

Ce n'est pas tout à fait le bon vouloir qui m'a manqué pour présenter ce nouveau aux curieux sous forme dramatique; mais les directeurs de théâtre, qui se disent des sentinelles — avancées — pour empêcher les audacieux d'arriver auprès du public, en ont décidé autrement.

L'entretien avec le directeur de l'Odéon me donna le ton des autres. Je m'en tins là, ayant peu de temps à perdre. Tranquillement, je rentrai chez moi, essayant de rendre le roman meilleur à l'aide de la comédie, comme le roman m'avait servi de scénario pour le développement de l'idée dramatique.

La comédie est faite, c'est le grand point. Rien ne se perd, même dans un tiroir, et comme la patience ne me manque pas, j'attendrai volontiers encore une dizaine d'années.

L'AVOCAT TROUBLE-MÉNAGE

CHAPITRE PREMIER

Le hasard met en présence d'estimables personnes dignes de faire connaissance.

Une anxiété considérable régnait parmi les personnages assis dans l'antichambre de la salle des mariages, à la mairie du quartier Saint-Sulpice, où devait se célébrer, un mercredi de juin 1857, l'union de Mlle de Convenance et de M. Gribeauval.

Par une faveur spéciale, la famille de Convenance ayant obtenu du maire qu'il voulût bien marier un jour impair, ce qui est contre les usages municipaux parisiens, les futurs conjoints avaient été convoqués à onze heures du matin. Et M. Gribeauval, le futur, n'était pas encore arrivé !

A dix heures et demie précises, la famille de Convenance descendait de fiacre au seuil de la mairie.

A onze heures moins le quart, l'acteur principal du drame n'était pas dans les coulisses !

Le temps que demande la toilette d'une jeune femme qui va signer l'acte le plus important de sa vie et qui, en raison de cette importance, se pare de toilettes admirables, ceux qui ont passé par une telle cérémonie le savent. Si une seule épingle à poser demande une heure de réflexions, la coiffure réclame un siècle.

Et pourtant Mlle de Convenance était prête avant l'heure, tandis que M. Gribeauval, par ses retards, mettait les invités en émoi.

Que se passe-t-il ? Qu'est-il arrivé ? Le futur serait-il tombé en descendant l'escalier? Chose plus grave encore : aurait-il réfléchi à la perte de sa liberté ? Fausserait-il parole ?

Ce sont de ces anxiétés qui teintent de sombres couleurs les aspirations des belles-mères.

On a vu quelquefois des futurs se raviser à l'heure suprême et fuir les chaînes qui les attendaient.

Aller chercher M. Gribeauval à Passy, où il demeurait, un des témoins de Mlle de Convenance en fit l'ouverture, mais c'était s'exposer à se croiser avec le futur et perdre un temps considérable.

La noce était littéralement collée aux vitres de la salle

du premier étage de la mairie. Chaque voiture qui débouchait sur la place était suivie avec des yeux ardents qui auraient voulu pouvoir traverser les ponts.

Et quelle désillusion quand descendaient de voiture des gens tristes venant faire une déclaration mortuaire ou des gens gais tenant un nouveau-né, dont les employés de la municipalité allaient attester le sexe sur un gros registre !

C'était le futur que la noce attendait ; aussi les invités s'inquiétaient-ils médiocrement des morts et des nouveau-nés, des larmes des gens en deuil et des joies des parrains et des marraines.

— Cela ne s'est jamais vu, disait Mme de Convenance, la mère, non jamais ! Pour un début, M. Gribeauval dépasse la mesure.

Si à cette heure le futur eût pu voir la charge que de sa bottine de satin blanc, Mme de Convenance battait sur le parquet de la municipalité, peut-être eût-il réfléchi.

La mariée était jolie, mais irritable certainement.

Quant aux autres invités, parmi lesquels se remarquaient plus de femmes que d'hommes, c'étaient des regards malicieux échangés entre les amies de la mariée, d'extraordinaires froncements de sourcils des proches parentes. Véritablement la famille se trouvait insultée par l'inexplicable retard du futur.

Toutefois un *ah !* de satisfaction qui s'échappa des lèvres des invités postés en observation fit lever les têtes abattues et calma les nerfs débridés. Tous s'étant précipités aux fenêtres aperçurent descendant de voiture M. Gribeauval, la figure cramoisie, qui ne fit qu'un saut du trottoir de la place Saint-Sulpice au premier étage de la municipalité, et entra en s'écriant :

— Avez-vous vu monsieur de la Garnache ?

Abrégeant les compliments d'usage entre futurs, M. Gribeauval d'une voix haletante raconta que rendez-vous avait été pris chez lui avec ses témoins, que seul M. de Pougnadoresse était arrivé à l'heure, mais qu'aucun message n'ayant été envoyé par M. de la Garnache, après une attente d'une mortelle demi-heure, lui, futur, s'était décidé à se mettre en route, laissant toutefois un mot à son concierge pour prévenir son premier témoin qu'on l'attendait à la mairie, et qu'il partît ventre à terre aussitôt son arrivée.

— Si M. le maire était prêt, s'écria Mme de Convenance, voyez, Monsieur, à quelles conséquences pourrait entraîner le manque de parole de ce M. de la Garnache.

— Voilà, pensa M. Gribeauval, à quoi expose la prétention de ma belle-mère de faire signer un acte de mariage par quatre personnes nobles.

Mais le futur n'osa témoigner cette idée, ayant admis

lui-même le principe que la particule des témoins ajoutait quelque éclat à la cérémonie.

En ce moment le garçon de bureau s'avança vers M. Gribeauval.

— Monsieur, dit-il, veuillez passer dans la salle des mariages avec la future et vos quatre témoins.

— Mais il nous en manque un.

Le garçon de bureau secoua la tête d'un air d'importance.

— Nous n'avons pas le temps d'attendre, dit-il ; M. le maire va ceindre son écharpe.

Les gens de la noce entourant les interlocuteurs paraissaient inquiets : un tel début semblait de mauvais augure.

Un coup de sonnette se fit entendre.

— C'est le signal que M. le maire est prêt, dit le garçon de bureau.

Au même instant entrait dans le vestibule un personnage habillé de noir, cravaté de blanc, la mine grave, et des favoris non moins graves encadrant une figure tout à fait officielle. Sous le bras brillait un solennel portefeuille de maroquin noir.

— Voilà le maire, se dit chacun.

Tous les invités saluèrent profondément le personnage, qui répondit avec un gracieux sourire et alla s'asseoir sur une banquette en faisant un signe de politesse familière au garçon de bureau.

Un nouveau coup de sonnette se fit entendre.

— M. le maire, dit le garçon, est revêtu de ses insignes.

— Ce monsieur n'est donc pas le maire ? demanda M. Gribeauval au garçon.

Le garçon haussa les épaules.

— Veuillez, dit-il, passer dans la salle des mariages.

Et M. de la Garnache qui n'arrivait pas remplissait d'anxiété la noce tout entière.

Le garçon tenait le bouton de la porte d'entrée.

— Inutile de vous présenter, mesdames et messieurs, si vous n'êtes pas complets.

Un troisième coup de sonnette retentit, cette fois impérieux et excessif.

— M. le maire est à son bureau, reprit le garçon qui semblait défendre la porte d'entrée.

Pâles et consternés, les gens de la noce se regardaient, et des flammes de colère adressées à son futur gendre s'échappaient des yeux de Mme de Convenance la mère.

— Messieurs, reprit le terrible garçon de bureau, M. le maire n'a que cinq minutes à vous donner. Il est attendu à onze heures pour présider une commission.

— Cette situation est intolérable, monsieur, murmura aux oreilles de M. Gribeauval Mme de Convenance la mère.

— Encore deux minutes, ajouta le garçon de bureau, et M. le maire se dépouille de ses insignes.

— Comment fait-on, s'écria avec un accent d'angoisse M. Gribeauval, quand un témoin manque ?

— On en prend un de rechange, dit le garçon de bureau.

En ce moment le futur rencontra par hasard le regard du personnage en cravate blanche qui attendait sur le banc du vestibule. Ce regard empreint d'une certaine sympathie poussa M. Gribeauval vers l'inconnu.

— Monsieur, s'écria-t-il, j'aurais un service à vous demander.

Le personnage à cravate blanche s'inclina.

— Il me manque un témoin au dernier moment... Voudriez-vous, monsieur, avoir l'extrême obligeance de m'assister en cette qualité?

— Parfaitement, monsieur, reprit l'inconnu.

Un nouveau coup de sonnette retentit frénétiquement qui eût glacé le sang du futur si, la joie peinte sur le visage, il n'eût poussé le garçon de bureau en s'écriant :

— J'ai mon témoin !

Entraînant l'officieux personnage qui si galamment le tirait d'embarras, M. Gribeauval ne remarqua pas la stupéfaction du garçon de bureau qui, la bouche ouverte, le bras en avant, semblait demander s'il devait croire à cette nouvelle.

Cependant la noce était entrée dans le cabinet du maire : tout d'abord ce magistrat lança derrière son pince-nez un regard non point agréable à ces gens pour lesquels il s'était dérangé un jour impair, et qui, loin de reconnaître cette faveur suprême, le forçaient, depuis un quart d'heure, d'agiter avec une violence peu officielle sa sonnette.

Pendant que l'officier municipal, debout sur l'estrade, feuilletait le Code, Mme de Convenance mère constamment retournait la tête vers la porte, espérant encore que M. de la Garnache arriverait à temps pour la signature. Voir parapher un acte si important par un inconnu était pour la belle-mère un fait insolite et monstrueux.

— Des droits et des devoirs respectifs des époux, lut le maire, qui, après une pause, gravement continua : Article 212. Les époux se doivent mutuellement fidélité, secours, obéissance.

Mlle de Convenance souriait, quoique deux de ces mots la regardassent particulièrement : *fidélité, obéissance.*

M. Gribeauval, de son côté, méditait la conséquence de pareils mots.

— Art. 213. Le mari doit protection à sa femme, la femme obéissance à son mari, continua le maire.

M. Gribeauval cligna de l'œil avec satisfaction.

La future continuait à sourire. Cette *protection* par le mari devait se traduire évidemment en plaisirs, fêtes et toilettes. Quant à l'*obéissance* due à M. Gribeauval,

Mˡˡᵉ de Convenance savait parfaitement par l'exemple de sa mère que jamais celle-ci n'avait obéi à son mari, et que personne de sa société ne la trouvait répréhensible.

Le maire passa à la lecture de l'article par lequel la femme est obligée d'habiter avec le mari et de le suivre partout où il juge à propos de résider.

— Très-bien, pensa intérieurement M. Gribeauval.

— Le mari, continua le maire, est obligé de fournir à sa femme tout ce qui lui est nécessaire pour les besoins de la vie, selon ses facultés et son état.

— C'est on ne peut mieux, pensa Mˡˡᵉ de Convenance, qui, à ce moment, ayant détourné la tête, aperçut le regard de l'inconnu attaché vers elle.

Quel était ce personnage à cravate blanche que le hasard appelait tout à coup à faire partie d'une solennité si intime ? Mˡˡᵉ de Convenance ne se le demanda pas. Elle aperçut seulement des yeux sympathiques dirigés vers les siens ; ces yeux semblaient dire : Tous les articles que le maire vient de lire sont bons et excellents pour la mariée.

Les futurs ayant prononcé le *oui* qui les liait désormais l'un à l'autre, Mᵐᵉ de Convenance la mère prêta une oreille attentive au nom et à la profession de l'inconnu qui avait tiré les époux d'embarras, et elle ne fut pas médiocrement satisfaite de la profession d'*avocat* déclinée par M. Thèse qui, ses allures le prouvaient, comprenait la gravité actuelle de sa mission.

M. Thèse, quoique son nom ne fût agrémenté d'aucune particule, remplissait certainement son rôle avec autant d'apparat que M. de la Garnache, ce témoin tant prôné par M. Gribeauval.

L'avocat, suivant la belle-mère, était un esprit sérieux. Cela se voyait à sa tenue. Quant à M. de la Garnache, il avait fait preuve de la dernière inconvenance.

Aussitôt l'acte signé et le maire disparu après avoir réglé définitivement le sort des futurs, chacun alla complimenter les mariés.

— Ne me remerciez pas, monsieur, dit l'avocat à M. Gribeauval, pour avoir fourni la quatrième roulette qui manquait au fauteuil de votre union.

Toute la noce sourit de ce trait, et Mme de Convenance la mère en fut touchée particulièrement.

— Monsieur, lui dit-elle, un modeste déjeuner attend nos invités à l'issue de la messe nuptiale qui va avoir lieu aujourd'hui même ; j'espère que vous nous ferez l'honneur, à ma fille et à moi, d'y assister.

M. Thèse salua profondément, et malgré ses nombreuses occupations du Palais, accepta, trop heureux, dit-il, que la Providence l'eût conduit à la mairie où il avait été à même de faire connaissance de personnes distinguées.

Dans la bouche en cœur de la belle-mère se lisait : Cet avocat est vraiment d'une amabilité parfaite ! car l'adjonction de *Providence* à *personnes distinguées* révélait une nature tout à fait exquise.

La noce étant sortie rencontra dans l'antichambre le garçon qui attendait les gratifications d'usage. D'habitude les appariteurs tendent la main avec une convoitise plus ou moins déguisée; mais celui-là tendait les yeux plutôt que la main, et, au lieu de s'inquiéter particulièrement du marié, qui est le contribuable en pareille circonstance, le garçon de bureau regardait l'avocat plus encore que M. Gribeauval.

Tout autre qu'un homme marié depuis cinq minutes eût été frappé de la contrainte de la physionomie du garçon de bureau, qui certainement évoquait en lui les convenances officielles pour ne pas laisser une joie sans pareille dénouer les cordons de son masque administratif; mais les émotions d'une semblable solennité sont telles que les acteurs intéressés deviennent de médiocres observateurs.

En passant devant le garçon, l'avocat, avec un clignement d'œil particulier, lui glissa un louis dans la main. Alors la noce descendit l'escalier.

Un formidable éclat de rire retentit aussitôt dans le vestibule, qui amena dans cette pièce un autre garçon tout à fait diplomatique d'allures, qui au besoin auraient suffi à la représentation d'un adjoint.

— Qu'y a-t-il, Baptiste? demanda-t-il.

Baptiste répondit par un second éclat de rire plus considérable que le premier.

— De quoi s'agit-il? reprit le garçon aux favoris officiels.

Baptiste alla s'asseoir à son bureau et se tint la tête dans les mains comme pour étouffer ses rires malséants. Ayant toutefois réussi à calmer cette intempestive hilarité, il regarda son camarade.

— Maître Thèse ! s'écria-t-il.

— Eh bien ?

Baptiste donna carrière à deux éclats de rire qu'il ne pouvait réussir à comprimer.

— Comprends-tu, Jean ! s'écria-t-il. Maître Thèse témoin d'un mariage !

Alors les deux garçons se laissèrent aller à une folle joie, et il ne fallut rien moins que plusieurs tintements réitérés de la sonnette du maire pour que cette immense gaieté ne fît résonner jusqu'au soir les voûtes de l'antichambre de la municipalité.

A l'église, les époux recevaient la bénédiction nuptiale sans se douter des railleries considérables qu'ils laissaient à la mairie au moins pour une huitaine.

Combien peut se montrer empressé et galant un avocat dépouillé de sa toge, c'est ce que prouva Mᵉ Thèse le reste de la journée.

L'avocat remplit son rôle à l'église et au repas qui suivit à la satisfaction de tous.

Un premier jour de noces amène habituellement son cortége de gênes et de contraintes qui paralysent les époux les plus tendres. L'avocat rompit la glace : chacune de ses paroles semblait avoir pour but de servir de trait d'union aux pudeurs de la jeune femme, aux empressements du mari. Mᵉ Thèse fit oublier l'absence de M. de la Garnache, dont un invité plaisant proposa de retrancher l'*r* du nom pour avoir failli faire manquer la cérémonie nuptiale. Quant aux membres de la famille de Convenance, quoique entichés de particule nobiliaire, ils déclaraient qu'un roturier du commerce de Mᵉ Thèse valait tous les Garnache du monde.

Les époux devaient passer un mois aux bains de mer; ils partaient le même jour pour la Normandie, et débutaient par un séjour à Étretat.

Mᵉ Thèse vanta le charme de ce pays ; lui aussi avait à l'année, aux environs, à Veulette, un petit pied-à-terre dans lequel il allait prendre quelque repos la quinzaine suivante, à l'époque des vacances.

— J'espère, monsieur, lui dit la nouvelle mariée, que

vous nous ferez le plaisir de nous rendre visite pendant vos excursions.

Ce qui fut accepté. Après quoi chacun se sépara, méditant sur le hasard qui mettait en présence d'estimables personnes dignes de faire connaissance.

CHAPITRE II

Un mystérieux agent matrimonial.

M. Gribeauval, vieux garçon, de ceux qui ont passé la cinquantaine, s'était réveillé un matin avec l'idée de « faire une fin. »

Mlle de Convenance, dont les vingt-neuf ans étaient révolus, sentait que chaque jour le terrain du mariage se dérobait sous ses pieds, et qu'au contraire le précipice du célibat s'agrandissait. Jusque-là elle s'était montrée difficile vis-à-vis de ceux qui aspiraient à sa main ; mais quand M. Gribeauval lui fut indiqué, elle devint coulante sur les qualités du futur. La cloche qui sonne trente ans pousse à de sages réflexions. Trente fois elle carillonnait : Un homme ! un homme ! Prends vite un homme !

M. Gribeauval jouissait d'une forte aisance.

Mlle de Convenance avait en dot une mince fortune.

L'un et l'autre se connaissaient à peine, s'étant rencontrés à peine deux fois dans une soirée.

On se chargea de les rapprocher.

On les plaça à table l'un à côté de l'autre.

On fit retourner à M. Gribeauval les feuillets d'une partition que Mlle de Convenance déchiffrait au piano.

On rendit compte à la demoiselle des attentions de M. Gribeauval.

On les fit trouver ensemble dans une loge à l'Opéra.

On ajouta qu'ils étaient faits l'un pour l'autre.

On insinua à M. Gribeauval que Mlle de Convenance le trouvait « très-bien encore. »

On prétendit que M. Gribeauval assiégeait Mlle de Convenance de galanteries auxquelles elle ne se montrait pas indifférente.

On fit reconduire un soir la mère et la fille par le célibataire.

On discuta fortement sur la disproportion d'âges et l'écart de 29 à 50 parut excessivement raisonnable en ménage.

On assura que les unions de personnes mûres offraient

de plus grandes chances de bonheur que celles formées dans l'extrême jeunesse.

A M. Gribeauval on fit faire un pas en avant, deux à Mˡˡᵉ de Convenance. L'avant-deux de cette contredanse matrimoniale ayant été généralement regardé comme réussi, ce fut alors que deux êtres qui se connaissaient à peine, poussés par ce *on* mystérieux qui nouait tant de bouts de ficelle les uns aux autres, se trouvèrent un jour mariés sans savoir pourquoi ni par qui.

A ce moment, l'invisible faiseur de mariages ayant disparu, les deux époux se trouvèrent tête à tête, en pleine lune de miel.

La lune de miel, dont la durée n'a pas encore été fixée scientifiquement, est toutefois divisée en plusieurs quartiers, dont certains, quoique enveloppés de nuages, n'échappent pas aux lunettes des astronomes de la physiologie. Cette lune est habitée, les Herschell de la réalité l'ont démontré, par des abstractions qui n'en laissent pas moins des traces : désirs, regrets, rires, larmes, expansions, mensonges, bonheur de se revoir, plaisir de se quitter, chaînes de fleurs, carcans d'acier, bouquets odorants, fleurs entêtantes, tendresses, rudesses, gazouillements d'oiseau, tons bourrus, empressements, satiétés, confiance et soupçons.

Les femmes qui habitent sous cette zone rajeunissent et y prennent des tons ravissants ; le caractère des hommes s'y écorne et des rides prématurées sillonnent d'habitude leurs fronts.

Dans ce nouveau pays marcha de découverte en découverte M. Gribeauval, qui chaque matin sentait le poids de ses cinquante ans, tandis que Mme Gribeauval, oubliant sa trentaine, ressemblait à une fleur qu'un jardinier a oublié d'arroser et qui revient à force de soins.

Le nouveau ménage éprouva tout d'abord en face de la mer l'impression que subissent la plupart des gens qui y transportent leurs sentiments parisiens. Le spectacle de l'Océan leur semble trop vaste en comparaison de leurs horizons bornés ; le face à face de la nature les stupéfie ; pour se désennuyer, ils jettent des galets dans la mer.

Mme Gribeauval ne fut pas de quelques jours à Étretat qu'elle regretta Paris ; M. Gribeauval se plaisait médiocrement au sommet des falaises. Vivre à deux au bord de cette immensité amena tout d'abord quelques piques conjugales. Pour se distraire, les nouveaux époux lièrent conversation avec leurs voisins de table à l'auberge ; et comme ils les retrouvaient quotidiennement sur la plage, ils continuèrent le caquetage particulier aux villes d'eau, qu'une tempête ne parviendrait pas à suspendre.

D'abord, Mme Gribeauval ne laissa pas de cesse à son mari qu'il ne l'eût conduite au Casino. Une baraque que le Casino d'Étretat ! Il parut un palais à Mme Gribeauval, qui ne se lassait pas de danser, sans s'inquiéter du frein que son mari rongeait dans un coin.

On remarquait d'habitude sur la plage un terrible loup de mer, barbe et moustaches hérissées ; avec ses bottes par-dessus le pantalon, et ses habits grossiers, l'homme pouvait passer pour un forban faisant la traite des nègres sur les côtes du Malabar.

Le loup de mer, le soir au Casino, devenait un parfait gentleman et laissait sans doute sa hache d'abordage au vestiaire.

Il s'appelait Monestrol, était quart d'agent de change, valsait admirablement, et Mme Gribeauval lui fit tant d'avances qu'elle amena le lion d'Étretat à ses pieds.

Elle était de nature frêle et délicate ; il était taillé en hercule. C'était réellement un couple bien assorti : la force entraînait la faiblesse dans le tourbillon de la valse, la faiblesse puisait un élan dans des tournoiements vertigineux.

M. Gribeauval, à qui ses cinquante ans avaient enlevé la souplesse nécessaire à de pareils plaisirs, se plaisait médiocrement à voir sa femme serrée par l'agent de change dans des bras musculeux dont chacun sur la plage, le matin, constatait la puissance. Le mari songeait à quitter ces bords de la mer où l'on dansait trop, pour s'installer dans quelque endroit solitaire inconnu aux agents de change parisiens, lorsque l'avocat Thèse vint rendre visite aux nouveaux époux, ainsi qu'il l'avait promis. Cela amena quelques diversions dans les idées de M. Gribeauval, qui put s'ouvrir à un homme prudent et de bon conseil.

Me Thèse avait une profonde connaissance des femmes. Empressé auprès d'elles, il savait le chemin qui conduit à leur cœur. Il n'était pas arrivé de huit jours qu'il avait fait la conquête des baigneuses de tout âge, mères, tantes, jeunes femmes et jeunes filles. L'avocat semblait posséder un charme, comme les charmeurs qui, avec quelques mies de pain, se font suivre des plus timides oiseaux. A peine Me Thèse entrait-il au Casino que les femmes l'entouraient et que chacune d'elles lui faisait de visibles avances pour l'entraîner dans un coin prendre part à d'interminables confidences.

Mme Gribeauval fut une des premières à subir cet ascendant et son mari le constata avec joie. Le service que lui avait rendu l'avocat le jour de ses noces permettait tout de suite une familiarité amicale avec un homme qui nécessairement servirait de trait d'union entre les époux.

M. Gribeauval confia donc ses récriminations conjugales, ce que comprit au premier mot Me Thèse. Un matin, en se promenant sur la plage, l'avocat prouva au mari que le rôle des femmes ne devait pas être vu en rose. Me Thèse se montrait plein de sollicitude pour ces êtres capricieux, mais il ne dissimulait pas que le mariage étant un jouet pour la plupart des femmes, il leur arrivait souvent, ainsi que les enfants, de briser ce jouet, non par méchanceté, mais par curiosité.

L'avocat conta à l'appui plus d'une histoire. Il en savait de toutes couleurs, de tristes et de gaies, de dramatiques et de passionnées, de lugubres et de joyeuses ; toutefois les récits de Me Thèse semblaient plus particulièrement poussés à l'acerbe qu'au sceptique, et au dénouement apparaissaient sans cesse la justice humaine représentée par la loi, le tribunal et le commissaire de police.

A entendre Me Thèse, les hommes de tout âge et de toute condition étaient, malgré leur force et leur intelligence, rivés à la femme. Qu'on fût un Samson chevelu ou atteint de calvitie, il fallait se résoudre à tourner le fuseau aux pieds des Omphales parisiennes ; cependant il admettait quelques exceptions, surtout en faveur de ceux avec lesquels il s'entretenait.

M. Gribeauval voulut bien se croire une exception.

Eût-il été possible, sans ces réserves, d'écouter tranquillement un homme qui broyait tant de noir matrimonial ?

Un être faible eût confié à sa femme les terribles jugements que l'avocat rendait contre la race féminine ; mais après avoir suffisamment retourné les épingles dans la plaie de M. Gribeauval, M⁰ Thèse y introduisait divers calmants.

— Ne craignez rien, disait-il, tant que je ne vous ferai pas signe ; au premier symptôme je serai là, prêt à arrêter le désastre.

C'était donc un allié dans la forteresse ennemie. M. Gribeauval se garda bien de le dévoiler. Au contraire, il encourageait l'amicale liaison qui de jour en jour prenait de plus longues racines et reliait l'avocat à M™° Gribeauval.

De M⁰ Thèse personne ne pouvait être jaloux. Réservé, d'une extrême politesse, ne dansant jamais, il semblait écouter avec intérêt les millions de riens qui emplissent la tête de la plupart des femmes ; son rôle n'était pas sans quelque analogie avec celui d'un directeur de conscience. L'avocat d'ailleurs ne s'attachait à aucune femme en particulier, et c'est pourquoi il ne faisait pas de jalouses. Écoutant les railleries des unes envers les autres sans s'y associer, il occupait à tel point l'oreille de toutes, qu'on eût juré qu'il les confessait chacune à leur heure.

— Les jeunes femmes doivent prendre quelque divertissement, dit-il à M. Gribeauval qui se gendarmait contre la danse en général et en particulier contre Monestrol, le beau valseur.

Du séjour au Casino naquirent quelques relations entre

les Gribeauval, l'avocat Thèse et Monestrol qu'on ne pouvait manquer de rencontrer sur la plage. La mer semblait l'élément naturel de l'agent de change, qui, revêtu d'un collant bariolé de couleurs vives, se plaisait à étaler des formes irréprochables.

A Étretat, hommes et femmes se baignent sans séparation. Monestrol, toujours plongé dans l'Océan, excitait la jalousie des baigneurs de profession, car il veillait sur les femmes aventureuses qui se laissaient volontiers entraîner par les vagues, sachant qu'à côté de l'agent de change il n'existait pas de danger.

Madame Gribeauval se fût volontiers laissée entraîner au large balancée par les flots ; mais son mari, qui ne nageait pas, s'était attaché à restreindre ce désir de fille d'Ève curieuse même du danger. Il racontait des histoires affreuses de jeunes femmes entraînées par la marée, qu'aucun effort humain n'avait pu sauver ; de tels récits ont besoin d'être rapportés par d'autres que des maris qui baignent tranquillement leurs mollets dans la mer comme s'ils prenaient un bain de pieds.

Qu'ils feraient mieux, ces maris, de grimper tranquillement la falaise à âne, et d'aller boire du lait le matin, plutôt que d'étaler leur graisse, leur maigreur, leur calvitie en pleine mer, en face du soleil levant !

Sont-ils assez affreux ces êtres qui prudemment et à pas comptés entrent dans la mer, frissonnent, grelottent, offrent des tons d'un violacé apoplectique ou d'un vert morbide, et osent étaler d'abominables poitrines dégradées par la lymphe, ou des jambes desséchées par les travaux de cabinet! Affreux et plus affreux encore quand, à côté d'eux, des jeunes gens pleins d'audace vont au plus profond de la mer, rient sous l'écume, reparaissent triomphants sur la plage, coiffés d'admirables bérets rouges, et plaisantent agréablement les maris sur leurs vaines terreurs!

Des avis prudents de M. Gribeauval il résulta que sa femme s'embarqua un matin, seule et sans pilote, dans une *périssoire* appartenant à M. Monestrol. Mme Gribeauval s'était donnée le plaisir de se laisser entraîner au large par les flots; en quelques brasses, l'agent de change fut près de la barque et ramena triomphalement la jeune femme vers la plage. Après quoi il emporta la périssoire sur son épaule, étonnant les curieux par sa force.

C'était un homme fort agréable en société que Monestrol; il devint encore plus précieux au petit monde des baigneurs d'Étretat quand arriva un de ses compagnons habituels, un peintre qui, dit-on, venait mesurer ses pinceaux avec l'Océan.

Un sac sur le dos, à la main une longue pique, au menton une barbe presque aussi longue que la pique, guêtré comme pour escalader le Mont-Blanc, le peintre faisait son entrée dans le pays une boîte à couleurs à la main, des paquets de toiles à peindre ficelées derrière le gros sac, un chapeau menaçant sur la tête avec des ailes assez larges pour se garer des orages, et des habits couleur de goudron qui prouvaient que celui qui les portait était un réel *artiste* et non un *bourgeois*, un esprit indépendant qui s'insurgeait contre les usages, ne se condamnait pas à un vil labeur commercial, vivait de ses pinceaux, méprisait fortement l'humanité, et montait son imagination au diapason de la nature.

L'entrée du peintre fit naturellement sensation parmi les baigneurs. Il est passé en proverbe que les artistes, leurs travaux terminés, apportent quelque imprévu dans la société qui les entoure.

Toujours étendu sur les galets, toujours fumant, le peintre semblait attendre une mer agitée, car il avait pour exclusive spécialité de rendre les flots déchaînés. Monestrol l'appelait *Tempête;* il n'en avait que le nom, tenant plutôt de la nature du loir, et le peintre ne quittait les galets que quand la cloche des repas sonnait à l'hôtel du *Coq d'Or.*

Tempête vivait aux crochets de Monestrol, lui promettant depuis une dizaine d'années deux pendants de marine furieuse pour orner son salon. En tout il était le second de l'agent de change, l'un ruminant, l'autre agissant. Le parasite avait toutefois quelques talents de société; il apportait chaque année aux bains les diverses variantes introduites dans les danses, invitait au bal du Casino les femmes timides, et à la pastourelle marchait sur les mains, les jambes en l'air, ce qui lui valait les acclamaions des baigneurs.

Insolent, mais mal peigné, cet être passait aux eaux pour l'homme le plus amusant qui se pût rencontrer : il tenait le haut bout à la table d'hôte, organisait des *scies* pour les nouveaux arrivés, choisissait ses victimes parmi ceux dont il croyait n'avoir rien à craindre, et tirait de ce système de terrorisme ses moyens d'existence, car quel baigneur eût osé quitter Étretat sans commander quelque marine à un peintre si gouailleur et si insupportable? Tempête touchait donc la moitié d'avance de commandes qu'il n'exécutait jamais.

— Ce n'était pas sa faute, disait-il, si l'élément humide était toujours au calme plat.

Tempête fit la connaissance de Gribeauval en saluant l'arrivée des nouveaux époux par une représentation désagréable du mari. Tel était le système du rapin de croquer les figures d'une façon particulièrement ridicule. Dessinant en secret au dessert, Tempête s'arrangeait pour être remarqué dans son travail, et son attitude mystérieuse excitait d'autant plus la curiosité que ceux qui avaient passé par de semblables épreuves devenaient ses complices, se parlaient bas et désignaient à tous la victime par leurs rires.

Naturellement Mme Gribeauval voulut voir la caricature de son mari, ce que refusa Tempête en fermant son album ; mais Monestrol l'ayant prié de satisfaire la curiosité de la jeune femme, alors apparurent comme à travers un verre grossissant le nez, le menton, les oreilles et le crâne de M. Gribeauval, qui fronça le sourcil, se sentant devenir grotesque.

— Les artistes se permettent tout, dit au mari Me Thèse ; mais Tempête est un aimable garçon qui, au fond, ne tient pas à vous être désagréable.

L'avocat ménageait le rapin et ne manquait jamais d'exalter son génie, car il est mince le respect qu'inspire la toge dans les ateliers.

Tempête ainsi présenté fit partie du petit groupe, où il se montra tel qu'il était, c'est-à-dire une sorte de singe agressif, appuyant sur les laideurs de la nature ; mais, apaisé par la commande dont Me Thèse avertit le mari, il laissa tranquille dès lors M. Gribeauval.

En ce moment la lune de miel brillait d'un pur éclat pour l'ex-célibataire, qui d'ailleurs avait à peine le temps de se rencontrer avec sa femme ; Mme Gribeauval étalait ses toilettes sur la plage l'après-midi, et prenait des leçons de natation de Monestrol le matin.

Cependant l'agent de change, rappelé à la Bourse par les devoirs de sa charge, et craignant de ne plus retrouver ses compagnons à son retour, les invita à venir passer les derniers beaux jours d'automne dans sa campagne aux environs de Paris.

Mᵐᵉ Gribeauval accepta avec enthousiasme, le mari avec tiédeur.

— Ses occupations, disait-il, ne lui permettaient pas de prendre d'engagement pour une époque si proche.

— Quelles occupations? lui demanda le soir Mᵐᵉ Gribeauval.

A quoi le mari répondit qu'il ne lui paraissait pas convenable d'accepter au premier mot l'invitation d'un homme qu'il connaissait à peine. M. Monestrol, célibataire et mondain, recevait peut-être une société qui pouvait ne pas convenir à sa femme.

Alors s'amoncelèrent les nuages d'une bouderie prolongée que M. Gribeauval ne connaissait pas encore. Des pleurs succédèrent à la bouderie, d'amères récriminations aux pleurs, des nerfs débandés aux récriminations. Le mari vit pour la première fois le grand jeu étalé, et comme cette désagréable partie menaçait de se prolonger, Mᵐᵉ Gribeauval refusant de descendre au dîner de la table d'hôte, le mari, qui ignorait l'art de calmer ces bouderies, alla consulter Mᵉ Thèse.

— Est-ce la première fois, demanda l'avocat, qu'éclate un semblable orage?

— Oui, dit le mari.

— Alors ne cédez pas.

M. Gribeauval secoua la tête ; il sentait vaguement qu'il marchait sur un terrain difficile.

— N'ai-je pas raison ? demanda-t-il.

— Il ne s'agit pas en pareille occasion de rechercher si vous avez tort ou raison. Il faut établir un principe.

— Un principe ! s'écria M. Gribeauval.

— En cédant aujourd'hui, vous accoutumeriez votre femme, qui est charmante d'ailleurs, à voir triompher tous ses caprices.

— Tous ses caprices, c'est beaucoup, songeait le mari.

— Retenez les rênes, continua Me Thèse, faites preuve d'autorité. C'est un précédent.

M. Gribeauval se le tint pour dit et grimpa le précédent ; mais comme il n'était pas excellent cavalier, les emportements et les ruades féminines s'étant donné carrière, le mari lâcha les rênes et fut renversé.

Le soir même, au Casino, où Mme Gribeauval parut dans tout son éclat, quoiqu'elle eût pleuré une partie de la journée, le mari remercia Monestrol de son invitation et déclara qu'il se tiendrait à ses ordres pour l'époque indiquée.

Le lendemain, Mme Gribeauval entra mélancoliquement au bal, ayant pour principal ornement sur des vêtements de couleur sombre une énorme broche d'or en forme d'ancre.

L'avocat lui fit un compliment sur cette bijouterie qu'il

n'avait pas encore remarquée, et Mme Gribeauval rougit légèrement ; quant au mari, peu préoccupé de pareils détails de toilette, il n'y prêta nulle attention.

Le départ de Monestrol jeta quelque froid dans cette réunion, et si Tempête n'avait pas préparé une excursion dans les ports voisins, et forcé ses amis à monter dans des voitures de louage que naturellement M. Gribeauval payait, le séjour d'Étretat eût été triste.

CHAPITRE III

*Vivre loin des foules ne saurait convenir
à toutes les natures.*

Port-en-Bise, situé à deux lieues d'Étretat, ne ressemble en rien à l'endroit gâté par trop de publicité parisienne. Les flots baignent la plage sans recevoir l'ombre de constructions prétentieuses qui se ressentent de l'influence du temple de la Bourse, où pousse spécialement le mauvais goût. Les entrepreneurs de théâtres retirés n'ont pas encore couvert les falaises de Port-en-Bise de châteaux d'apparence moyen âge, et le pays, peuplé de marins et de cultivateurs, reste fidèle aux maisons blanches et aux toits de chaume.

Les mères de famille se rendent le matin sur la plage,

entourées de leurs enfants. A Port-en-Bise les femmes viennent respirer l'air de la mer sans y étaler quatre toilettes par jour, et les hommes qui y retrempent leurs nerfs dans l'eau salée ne se croient obligés ni de parler la langue des forbans ni d'en prendre le costume.

Là se donnent rendez-vous d'honnêtes gens qui, après avoir travaillé laborieusement une partie de l'année, fuient les agitations des villes pour rasséréner leurs sens au spectacle de la nature. Il n'existe pas de Casino à Port-en-Bise; le murmure des vagues y remplace le soir les romances à la mode, et le soleil y donne de splendides couchers pour spectacle.

La contemplation de ces tableaux communique aux hommes une sorte de gravité; les femmes en oublient leur caquetage. Une influence poétique gagne chaque être à son insu, et, quoique nombreuse, la colonie des baigneurs de Port-en-Bise vit sans troubles, les misères débitées d'habitude sur les uns et les autres s'effaçant devant la méditation qu'inspire l'Océan.

Sur la plage, les enfants jouent en liberté; les petits creusent dans le sable avec leurs mains des trous qu'ils jugent immenses; les aînés empilent des galets qui leur représentent de sublimes architectures : à ces occupations ils apportent une attention profonde; et, quand les mères lèvent les yeux de leurs broderies, c'est pour regarder leurs enfants, qui, fiers de leurs énormes travaux, en oublient l'heure du dîner.

Parfois, pour se reposer des monotones immensités de la mer, quelques familles font des excursions aux environs. Les bois et les prairies paraissent plus verts et plus gais, les fleurs se parent de plus tendres couleurs et de plus douces senteurs; les animaux semblent plus intelligents et plus humains, les nuages plus calmes, le ciel plus bleu. A quelques pas sont deux natures diverses, toutes deux bonnes pour l'esprit, et qui poussent à rêver ceux qui n'en ont pas tout à fait perdu l'habitude.

Ainsi se passe la saison d'été à Port-en-Bise, où chacun vit dans son intérieur et laisse l'unique auberge du pays aux voyageurs qui croient connaître une contrée pour avoir pris un repas à l'hôtel et y avoir dormi une nuit.

A cette auberge se rendirent les Gribeauval, suivis de M° Thèse et de Tempête. Ayant usé de tous les plaisirs d'Étretat, Mme Gribeauval s'était rappelée qu'à Port-en-Bise séjournaient habituellement deux membres de sa famille, un oncle et une tante, les Michel Guérin, qu'elle n'avait pu embrasser le jour de son mariage, ces parents étant déjà partis pour la Normandie quand eut lieu son union.

Ayant demandé des renseignements à l'auberge, la jeune femme, accompagnée de son mari et de ses amis, traversait la plage lorsque la caravane rencontra la famille Michel Guérin. Des exclamations de joie accueillirent l'arrivée des nouveaux venus, qui furent engagés à se reposer sous une tente formée de débris de toiles de navire.

— Vous resterez quelques jours avec nous, dit Michel Guérin à Mme Gribeauval, qui accepta l'invitation.

Le pays était charmant; chaque jour fournissait une nouvelle promenade, et on promettait à la jeune femme des distractions qui l'empêcheraient de regretter Étretat.

L'avocat et le peintre furent présentés à Michel Guérin, qui les accueillit avec cordialité, quoique la barbe du dernier lui parût excessive. Pour M. Gribeauval, sa femme en faisait une figure de dernier plan, une sorte d'*utilité* en ménage et elle laissa son mari entrer lui-même en relations avec ses parents.

C'étaient d'heureux époux que les Guérin, tous deux, quoique jeunes encore, ayant mené une vie laborieuse pour amasser la fortune suffisante à l'éducation de leurs enfants.

— Vous connaîtrez ce bonheur plus tard, disait Delphine Guérin à Mme Gribeauval. Ma vie tout entière leur appartient; un geste, un mouvement d'eux sont une joie... Si parfois ils m'ont causé quelques soucis, je suis amplement payée par mon bonheur actuel... Il n'est pas de femme plus heureuse que moi.

Et elle appelait ses enfants, les embrassait, faisait remarquer à Mme Gribeauval l'animation de leur teint, les boucles soyeuses de leurs cheveux, la curiosité tapie dans leurs yeux.

Michel Guérin, se promenant sur la plage avec M. Gribeauval, le félicitait d'avoir épousé Pauline de Convenance, qui devait, disait-il, devenir une excellente compagne.

Tempête, étendu sur les galets, fumait des cigarettes, et l'avocat Thèse, jetant un regard sur la plage, se disait qu'à Port-en-Bise ses moyens de persuasion auprès des femmes devaient échouer.

Dans ce pays l'avocat ne se sentait pas sur son terrain.

La physionomie ouverte de Michel Guérin, le bonheur inscrit sur les traits de sa femme, indisposaient Me Thèse contre ce ménage. Était-il prudent de laisser Mme Gribeauval se lier avec une femme qui semblait si heureuse? Telles étaient les réflexions qui s'emparaient de l'avocat.

L'astuce se plaît médiocrement à la fréquentation de la sincérité.

Au déjeuner qui suivit, Me Thèse fit un éloge excessif de l'enfance; l'après-midi eut lieu une promenade pendant laquelle l'avocat, tenant les enfants par la main, s'approchait à tout instant de Mme Gribeauval pour les lui faire admirer.

Les parents aiment ceux qui aiment leurs enfants. Et pourtant Michel Guérin, quoiqu'il dût être flatté dans sa vanité de père, ne se sentait pas de sympathie pour Mᵉ Thèse. Cet homme s'occupait trop des enfants, qui eux aussi eussent préféré leur liberté. L'avocat prenait à tâche d'exagérer leurs qualités et leur gentillesse : ce n'était pas l'homme qui oublie sa gravité, redevient jeune, se fait petit avec les petits, et rappelle sa naïveté passée pour se mettre au niveau des naïvetés enfantines. Mᵉ Thèse parlait en rhéteur de l'enfance, qui ne lui inspirait que des phrases pompeuses.

Pour Mᵐᵉ Gribeauval, habituée à ce que son entourage s'occupât d'elle, en même temps qu'elle accusait l'avocat de dépenser sa faconde complimenteuse pour les enfants, elle en voulait à ceux-ci de détourner les attentions qui d'habitude s'adressaient à elle seule. Il est des femmes qui ne souffrent pas qu'on admire une fleur en leur présence. Mᵐᵉ Gribeauval devenait jalouse de ces enfants qui couraient au-devant des promeneurs, grimpaient sur les talus de la route, se poursuivaient et semblaient deux papillons dont on ne se lasse d'admirer ni le vol ni les couleurs.

Aussi, au bout de la journée, déjà la jeune femme était fatiguée de Port-en-Bise, que Tempête déclarait « infect. »

La soirée se termina mélancoliquement ; cela se vit au

ton avec lequel Mme Gribeauval demandait quelles étaient les distractions du pays.

— Ma femme, dit Michel Guérin, termine la journée en travaillant à quelque ouvrage de broderie quand les enfants reposent. Mais demain je veux vous montrer un spectacle que vous ne connaissez pas.

— Un spectacle inconnu? demanda Mme Gribeauval en frappant des mains.

— A une condition, toutefois. A six heures du matin je frapperai à votre porte.

— A six heures ! s'écria Mme Gribeauval qui se levait rarement avant le déjeuner... Que comptez-vous nous faire voir ?

— C'est mon secret et vous me remercierez.

Comme il s'agissait d'un plaisir, et que la bande complotait de quitter promptement un pays si peu fertile en amusements, on consentit à faire ce que désirait Michel Guérin.

Le lendemain il frappait à l'heure dite aux diverses portes des touristes. Quand tout le monde fut sur pied.

— Je suis votre guide, suivez-moi, dit-il.

Par des sentiers détournés, Michel Guérin conduisit ses compagnons au pied de la falaise, et, sans s'inquiéter de leurs récriminations, les fit monter d'étage en étage au sommet du plateau.

Les premiers rayons du soleil pointaient à l'horizon et se jouaient dans les vagues qu'ils irrisaient de leurs feux. Le ciel était clair et sans nuages ; sur le vert de la mer se détachaient de petites voiles blanches en apparence immobiles. Au loin, des teintes azurées se fondaient insensiblement dans l'azur. Tout était silence et repos. La nature semblait sortir du sommeil, fraîche et parfumée. Ce n'était plus le recueillement mélancolique du soir ; l'âme s'ouvrait à un bien-être printanier, baignée par des fraîcheurs bienfaisantes semblables à celles qui laissaient des gouttes de rosée sur le gazon de la falaise.

— Voilà le spectacle que je voulais vous montrer, s'écria Michel Guérin. Est-ce beau et vous ai-je trompé ?

Mais ses hôtes répondaient médiocrement à cet enthousiasme. M. Gribeauval se plaignait d'avoir gravi une falaise fatigante ; l'avocat restait froid comme devant un dossier, et Tempête regrettait son lit dans lequel le matin il fumait un nombre incalculable de cigarettes.

L'inintelligence de la nature apporte quelque désenchantement dans l'esprit de ceux qui savent en goûter les beautés. Si les êtres qui ne comprennent rien à cette poésie sont étonnés de l'admiration que peut exciter un nuage, il s'établit immédiatement une séparation entre ceux qui désespèrent de communiquer leurs impressions à leurs semblables. Michel Guérin ne tenta pas davantage d'apprendre à lire à ses compagnons dans le livre de la nature. Lui et sa femme goûtaient des sensations qui faisaient leur bonheur ; Michel Guérin n'insista pas.

Mais il n'en fut point de même parmi la bande.

— Ce ménage est insupportable, disait l'avocat à Mme Gribeauval en l'aidant à descendre la falaise.

— Qu'il me tarde de quitter ce pays! s'écriait la jeune femme.

Tous se regardaient haussant les épaules de voir cette famille se contenter de pareils plaisirs.

Mme Gribeauval avait promis de rester quelques jours à Port-en-Bise et ne savait comment dégager poliment sa parole.

— Je m'en charge, dit Tempête.

Ayant pris les devants, le peintre courut à l'auberge et en revint bientôt avec une lettre pressante qu'il avait fabriquée et qui rappelait les époux à Paris.

Alors il fut permis de prendre honnêtement congé des Michel Guérin, pour aller chercher ailleurs des plaisirs plus vifs.

CHAPITRE IV

La femme bon garçon.

M. Gribeauval voyait par ces excursions combien sa femme avait besoin de distractions, car le moindre ennui il le payait avec usure. Incapable de s'ingénier en divertissements imprévus, ce fut alors seulement que le mari admit l'utilité de gens tels que Tempête, qui toujours méditait quelque plan nouveau et semblait le pourvoyeur de plaisirs des gens qui n'en avaient pas le sentiment.

— Dur gouvernement que celui d'une femme! songeait M. Gribeauval, qui dans les moments de lassitude trouvait habituellement réserve, froideur et glace au lieu de l'idéal de soins et de tendresses qu'il avait espéré pour lui et sa goutte. Car la goutte s'empara de l'ex-célibataire et l'étendit un jour dans son lit entre quatre murs d'auberge.

M. Gribeauval affirma que c'était le premier accès d'une crise dont il ne soupçonnait pas l'origine ; mais un jeune et galant médecin attaché au Casino ne crut pas devoir cacher, entre deux contredanses, à Mᵐᵉ Gribeauval que cette goutte avait d'anciennes racines, que plusieurs fois l'an ces racines occasionneraient quelques secousses au nouveau marié ; d'ailleurs il n'y avait pas à s'en inquiéter : les hommes entrant tard en ménage vivaient en bonne intelligence avec ce témoin des plaisirs de leur jeunesse. Suivant le galant docteur, M. Gribeauval s'était amusé jadis ; il ne pouvait condamner sa jeune femme à se priver des plaisirs de son âge.

Mᵐᵉ Gribeauval, qui n'avait guère besoin de tels conseils, plaisanta son mari à ce sujet, l'appelant gaiement *mauvais sujet ;* et comme elle avait envoyé un bulletin de la santé de M. Gribeauval à Mᵐᵉ de Convenance, elle en reçut une réponse équivalente à la consultation du jeune médecin, c'est-à-dire qu'il n'existait pas de remèdes aux suites de trop bons dîners et de galanteries, et que cette goutte devait être comptée au *passif* d'un mari que jusque-là on ne soupçonnait pas d'avoir mené la vie joyeuse.

M. Gribeauval, de nature parcimonieuse, craignait la dépense. Une robe nouvelle, un chapeau à la mode, les dentelles dont une jeune femme réclame impérieusement l'emploi pour sa toilette, le faisaient soupirer et lancer des *mais* et des *cependant* dont moins que jamais s'inquiéta Mme Gribeauval. Cette goutte qui vint à point lui fit jeter résolument par-dessus les moulins son bonnet.

A l'entendre, le *mauvais sujet* avait prodigué jadis l'argent pour bien d'autres toilettes sans y mettre de mauvaise humeur, et comme par hasard, à la suite de ces entretiens, se présentaient modiste, couturière et fournisseurs de toute sorte, le mari cloué dans son lit par la goutte n'en pouvait mais.

Un cheval aux yeux bandés, tournant tout le jour une roue dans une tannerie, offre quelque analogie avec la situation de M. Gribeauval. Sans trêve ni merci, il tournait de la sorte dans son intérieur, et était arrivé fatalement à l'âge où on emploie les chevaux fatigués à ces exercices.

Se révolter, il n'y fallait pas songer. Le mari sentait le mors, le frein et le joug; le mieux encore était d'imiter les bœufs qui patiemment traînent un sillon sans que le conducteur ait besoin de les aiguillonner. Et si des éclaircies d'ancienne liberté venaient à trouer ces ombres, M. Gribeauval reprenait ses œillères pour ne pas les voir.

Quand la goutte permit à M. Gribeauval de se lever, il trouva sa femme entourée d'un cercle d'adorateurs qu'elle gouvernait en reine. Devenue souveraine du Casino, c'était suivant ses ordres que le pianiste jouait des polkas ou des contredanses. Et ce n'était pas le premier pianiste venu. Habillé de velours, de ses manchettes en dentelle s'échappaient des mains nerveuses à faire rêver; surtout les regards plongeants du jeune Stanislas étaient infiniment curieux. Certains êtres jaloux de toute supériorité pouvaient trouver de tels yeux sans expression ; les femmes admiraient l'art avec lequel le musicien les tournait galamment en tous sens, suivant le caractère des mélodies.

Quand Mme Gribeauval, accoudée sur le piano, écoutait le jeune Stanislas jouer un morceau favori de sa composition, le *Petit navire*, il fallait voir à quelle hauteur, comme des vagues, étaient projetées ses mains renvoyées par le tremplin des touches. Les tons mineurs jetaient le musicien et ses manchettes dans d'extatiques langueurs qu'il faisait partager à l'assemblée, les tons majeurs il les écrasait de ses doigts nerveux; et on sentait que chacune de ses fibres vibrait d'une façon particulière, vibration que partageait Mme Gribeauval.

Avec Tempête la jeune femme s'entendait, ainsi qu'avec l'avocat et le pianiste, ce qui n'était pas un mince honneur; le reste des assistants était traité comme un vil troupeau dont les massives oreilles étaient closes à des vibrations si délicates.

Aussi Mme Gribeauval ayant attelé à son char la finance,

la musique, le droit et la peinture, faisait-elle des jalouses parmi la société. Ce fut entourée d'une auréole que son mari la retrouva, et c'est ce qui lui expliqua les nombreuses toilettes que sa femme, en qualité de souveraine, devait faire nécessairement pour captiver l'admiration de ses sujets.

M. Gribeauval n'avait de sympathies ni pour Tempête ni pour le pianiste. A ces yeux ces êtres n'occupaient pas une place importante dans le monde et certainement ne faisaient pas métier d'utilité publique. Même le mari se disposait à se gendarmer contre les coquetteries trop visibles de sa femme; mais Tempête fit une apologie si particulière de Mme Gribeauval que toute espèce de jalousie tomba devant cette déclaration :

— Mme Gribeauval est un bon garçon, dit le peintre.

C'est un rôle que jouent certaines femmes dans le monde. Elles parlent l'argot des artistes, en prennent le ton et l'audace, et sont déclarées agir en *bon garçon*, ce qui est d'une extrême habileté, toute liberté leur étant accordée, qui en fait des *camarades* plutôt que des femmes. Par là, ces personnes échappent au contrôle de l'opinion.

Grâce au brevet décerné par Tempête, Mme Gribeauval put continuer son rôle; s'il lui fallait renoncer aux bénéfices des attaques de nerfs, elle jouissait de priviléges nombreux, qui d'habitude ne sont pas le lot de la bourgeoisie féminine.

M. Gribeauval se tint pour satisfait, à condition toutefois que le « bon garçon » ne fût pas trop dépensier. Il approuva même fortement cette idée d'un camarade qu'il aurait sans cesse à ses côtés sans aucun des caprices particuliers aux femmes. Cela le soulageait d'autant, car parfois il trouvait lourd le fardeau du mariage; maintenant, une telle camaraderie le mettait à l'aise. Ayant vécu jusqu'alors en bonne intelligence avec un certain nombre d'hommes, il semblait impossible au mari de ne pas trouver la même tranquillité auprès d'une femme qui acceptait le rôle de bon enfant.

Plus de troubles de ménage, plus de querelles. Une poignée de main au bon garçon, tout serait dit.

Le « bon garçon » commença par imaginer des parties de campagne dont Tempête et le pianiste faisaient les frais, les frais d'esprit s'entend : du côté de la bourse le peintre et le musicien étaient au moins aussi serrés que M. Gribeauval; mais s'ils ne fournissaient pas leur écot, ils enseignaient à leur nouveau camarade toutes sortes d'inventions qui au début parurent amusantes au mari.

C'étaient des mots et des couplets d'actrices à la mode, des scies d'atelier, des impertinences de coulisses que Mme Gribeauval répétait avec aplomb.

Il n'y avait de réellement sérieux dans cette bande que M. Gribeauval et l'avocat Thèse, qui s'entretenaient ensemble de choses graves, pendant qu'à leurs côtés les trois sarcastiques compagnons persifflaient le mari.

L'avocat, en apparence plus particulièrement porté à s'intéresser à la famille, démontrait à M. Gribeauval, quand il se plaignait de ses compagnons gouailleurs, la nécessité d'avoir des héritiers.

— Laissez faire votre charmante femme, disait-il; qu'elle s'amuse jusqu'au jour où elle sera mère. Alors vous aurez à vos côtés une véritable compagne. Ces plaisirs que vous appelez futiles, elle sera la première à les abandonner; les toilettes, elle y renoncera. Mme Gribeauval à ce moment, ne voulant plus quitter son intérieur, rendra au centuple ses caresses au père de son enfant.

Un enfant ? Ce mot qui émeut les esprits les plus graves laissait M. Gribeauval soucieux. Il se demandait si la disproportion de son âge ne rendait pas hypothétique la venue d'un héritier. Et il avait d'autant plus songé à ce mystère dans son accès de goutte que l'avocat, retournant la face de la médaille, lui faisait entrevoir la tristesse des maisons sans enfants, le peu de liaison des époux, les drames qui trop souvent prennent racine entre un homme et une femme ayant perdu tout espoir de progéniture.

En de telles matières, Me Thèse devenait curieux à entendre, surtout quand il parlait de la nature comme d'une force sans cesse productive qui, n'admettant pas de sillons infertiles, sait pourvoir au remplacement des mauvais laboureurs.

Quoique ces détails fussent traités avec une extrême délicatesse, M. Gribeauval n'en sentait pas moins la portée, et il se fût repenti de s'être enrôlé sur la galère conjugale, si l'avocat ne l'eût réconforté en lui citant des exemples de gens âgés, malingres et chétifs, qui pourtant avaient laissé une nombreuse postérité.

Toutefois Mᵉ Thèse n'engageait pas M. Gribeauval à désirer une telle lignée : deux enfants, à l'entendre, étaient suffisants, et quand la Providence accordait à un ménage un garçon et une fille, c'était tout ce que des époux unis devaient souhaiter. Alors l'avocat se lançait dans des plans d'éducation qui parfois faisaient oublier à M. Gribeauval qu'avant de s'occuper de l'avenir de deux enfants, il fallait d'abord en avoir un ; et si, inquiet, il faisait part de ses appréhensions à Mᵉ Thèse, celui-ci répondait qu'il fallait attendre l'effet des bains de mer, admirablement propres à donner du ton à l'organisme et le prédisposer aux devoirs qu'impose le mariage.

Toutefois cette dernière raison souriait peu à M. Gribeauval, qui regardait la mer avec terreur, cet élément d'une salaison active lui étant particulièrement interdit à cause de la goutte.

— Qu'importe ! reprenait l'avocat, il existe des eaux plus douces qui conduisent aux mêmes résultats.

La faculté principale de Mᵉ Thèse était qu'il avait réponse à tout; l'art de la parole lui servait naturellement à souder l'affirmation à la négation, à les secouer toutes deux dans le même sac et à présenter le *oui* et le *non* comme deux admirables numéros. Il accumulait des nuages de félicités conjugales et les détruisait un instant après comme par une tempête; l'arc-en-ciel de l'éloquence dissipait ces nuages, puis la bourrasque reprenait, et c'était par des alternances de chaleur et de fraîcheur, de pluie et de soleil, qu'il faisait passer le flottant M. Gribeauval.

Un homme hors de cause eût admiré ces voltiges de l'art oratoire; mais le patient n'était pas sans en ressentir les secousses.

CHAPITRE V

Veine et déveine.

Un jour, Mᵐᵉ Gribeauval se fatigua d'Étretat, du pianiste et de Tempête. La mer et son peintre devenaient monotones à la longue, et l'auteur du *Petit navire* était insupportable avec ses mains qui, constamment en l'air, abandonnaient le clavier pour imiter le clapotement des flots.

Comme M. Gribeauval interrogeait le médecin du Casino sur les bains les plus efficaces pour la guérison de sa goutte,

— Les eaux de Bade sont particulièrement recommandées en pareil cas, dit le docteur.

La vérité est que les eaux qu'on croit ordonnées par la Faculté sont choisies habituellement par les femmes et leurs médecins.

M. Gribeauval fit quelques observations sur Bade, qu'il entrevoyait plutôt comme un vaste tapis vert que comme un lieu de guérison; mais, le docteur qui avait le mot, appuya particulièrement sur la vertu des eaux badoises et l'avocat Thèse fit chorus avec lui, s'offrant même pour compagnon de voyage des deux époux.

Tous trois ne firent qu'une traite sans s'arrêter, et la première visite fut nécesssairement pour la maison de jeu.

Chose singulière, la première personne que les trois amis rencontrèrent attablée à la table du trente-et-quarante fut Monestrol, qui poussa un cri de surprise à la vue de ses compagnons. L'agent de change était de joyeuse humeur; il avait empilé en un clin d'œil un millier d'écus, et Mme Gribeauval ne revenait pas de sa surprise d'entendre tinter ces louis si facilement gagnés. Aussi, dès le soir, voulut-elle tenter la fortune, malgré les avis de son mari.

La jeune femme perdit avec facilité une considérable succession de thalers, lesquels se traduisaient en louis. M. Gribeauval déclara que, l'épreuve étant tentée, il convenait de s'en tenir là, ce qui fit faire la grimace au bon garçon. Malgré une promenade aux ruines des environs, le bon garçon s'entêta dans un mutisme absolu et maussade. Cependant M. Gribeauval s'inquiétait de cette humeur.

— Pour quelques thalers perdus, dit la jeune femme, on croirait que je vous ruine... Je vous ai apporté cependant une dot.

M. Gribeauval haussa les épaules. Une femme réclamant sa mince dot pour la jeter sur le tapis vert !

— Toutes ces dames jouent, reprit Mme Gribeauval. Ne voyez-vous pas des femmes distinguées à qui leurs maris permettent de se désennuyer à la roulette ? Vous êtes un tyran !

Ces récriminations ayant continué, M. Gribeauval remplaça, non sans soupirs, les louis qui manquaient à la bourse de sa femme. Plus rapide que la flèche, l'or disparut sous le râteau du croupier; aussi, le soir, la femme ayant parlé de se « rattraper » le lendemain, le mari, pour la première fois, fit entendre quelques fermes paroles. Lui, homme prudent, voyait poindre d'un mauvais œil ce système de *rattrapage* qui n'annonçait rien de fructueux. A ce sujet, M. Gribeauval fit un cours d'économie domestique, dans lequel il montrait les thalers engendrant des écus, les écus des louis, les louis des billets de banque, et à la suite la fortune des époux se fondant tout entière.

Mme Gribeauval comprit qu'elle se heurtait à des principes impératifs d'économie domestique. Tout un système de finances sagement équilibrées venait d'être exposé comme par un ministre inflexible. La jeune femme imita les minorités, qui se dédommagent par l'opposition. Elle larda d'épigrammes son mari, prit à tâche de ne pas prononcer une phrase où la générosité de M. Gribeauval ne fût en jeu, et s'efforça de rendre ridicule celui qui tenait fermés les cordons de la bourse. Ces coups d'épingle lancés à tout propos irritaient le mari, mais ne détruisaient pas son système. Il restait froid et rongeait son frein, décidé à ne pas se départir de sa ligne de conduite. Aussi l'avocat lui fit-il quelques observations à ce propos, disant qu'il fallait une amusette à la jeune femme, et qu'il conviendrait de lui ouvrir une bourse de jeu, si minime qu'elle fût; mais, quand il s'agissait d'argent, M. Gribeauval devenait presque aussi éloquent que Mᵉ Thèse, et il employait des arguments aussi serrés que la bourse elle-même.

Mᵐᵉ Gribeauval sembla en prendre son parti. Cependant une après-midi que le mari économe prenait le frais dans le jardin de la maison de jeu, sa femme, qu'il avait laissée au bras de Monestrol, reparut faisant cliqueter des louis et lui en montrant de pleines poignées.

— Eh bien ! s'écria-t-elle, avais-je raison ?

A peine rentrée à l'hôtel, Mᵐᵉ Gribeauval, jeta des poignées d'or sur la cheminée, sur la toilette.

— Je savais bien, dit-elle, que j'avais la main heureuse...

Les yeux brillants, elle ajouta :

— Etes-vous content, monsieur ? Suis-je encore une dépensière ? Dites, mais parlez donc ?

M. Gribeauval croyait rêver.

— Tu as gagné tout cela, disait-il.

Et il allait d'un tas d'or à un autre, ébloui, regardant avec anxiété, se demandant si ces louis n'étaient pas en chocolat.

— Ne touchez pas ! s'écria la jeune femme. Ceci est à moi, je l'ai gagné !

Mme Gribeauval n'était plus ni capricieuse ni coquette, mais joueuse ; ses yeux lançaient des flammes.

— Que comptez-vous faire de cet argent, ma chère amie ?

— Je suis devenue votre amie, reprit ironiquement Mme Gribeauval.

— Ne l'avez-vous pas toujours été ?

M. Gribeauval, réglant mentalement l'emploi de cette somme, se disait que, si sa femme était assez sage pour quitter Bade, non-seulement les frais de voyage seraient payés, mais il en résulterait un bénéfice assez considérable. Et il appelait à lui toute son éloquence pour manœuvrer dans ce sens.

— Si je pouvais faire sauter la banque, quelle joie ! s'écria Mme Gribeauval.

— Faire sauter la banque ! reprit le mari soucieux. Tu n'y penses pas, c'est impossible.

— Impossible comme vous m'aviez déclarée incapable de gagner, *mon bon*, dit Mme Gribeauval en appuyant sur ce mot qui prenait un caractère particulièrement désagréable.

— La banque saute à peine une fois l'an.

— Eh bien, je veux me donner ce plaisir, reprit Mme Gribeauval.

— A ta place je m'achèterais quelques toilettes, quelques objets qui restent.

— A votre place, cher, je me contenterais de réclamer l'argent que vous m'avez donné pour me faire la main.. Combien de louis ai-je perdus? Quinze à peine... Tenez, ne faites par la moue, en voilà vingt... Du moins votre fortune ne sera pas écornée.

— Mais tu ne me dis pas comment tu as pu jouer. Ta bourse était vide.

— Rappelez-vous, mon bon, que les amis véritables ne vous abandonnent pas dans la déveine.

— Elle aura emprunté de l'argent à Me Thèse, pensa M. Gribeauval.

Quoique pendant le repas la jeune femme parlât avec conviction de son heureuse veine et des succès qui l'attendaient au tapis vert, M. Gribeauval ne fit pas moins quelques reproches à l'avocat de ce qu'il encourageait une passion si dangereuse.

— Croyez-bien, dit Mᵉ Thèse, que je n'ai pas prêté un florin à votre aimable femme. Elle ne m'a pas parlé d'ailleurs de sa perte ; mais, si je ne me trompe, Monestrol l'a associée dans son jeu.

M. Gribeauval secoua la tête. Il n'était pas assez intime avec l'agent de change pour oser lui faire des observations à ce sujet.

Toutefois, la jeune femme ayant annoncé hautement ses projets, le mari ne quitta pas ce soir-là la salle de jeu, regardant comme opérait Mᵐᵉ Gribeauval.

Elle jouait à l'aventure, chargeant quelques numéros à la fois de poignées de louis, que le râteau du croupier enlevait comme un amas de feuilles sèches.

Mᵐᵉ Gribeauval peu à peu perdait de son assurance.

La déveine la pâlissait et son émotion revêtait un tel caractère névralgique qu'ayant remarqué le regard de son mari fixé sur elle, elle vint à lui, et d'un ton désagréable :

— Que faites-vous en face de moi ? C'est vous qui me portez malheur !

Pour ne pas rendre publique cette altercation, M. Gribeauval fit mine de quitter le salon ; mais, caché derrière un groupe de joueurs, il observait sa femme, à qui la déveine semblait devoir arracher des larmes.

Les salons de Bade n'ont rien de commun avec les traditionnelles peintures des maisons de jeu de la Restauration, où des gravures montrent des gens atterrés qui, ayant perdu leur dernier écu, se font sauter la cervelle.

Les joueurs actuels sont de parfaits gentlemen, froids, impassibles, et quand une femme, moins maîtresse de ses sensations, laisse paraître sur son front quelque émotion, c'est qu'elle s'attable pour la première fois autour du tapis vert.

La jolie Mme Gribeauval n'eût pas continué à jouer si elle se fût regardée en ce moment dans un miroir; l'argent décomposait ses traits et les verdissait comme ceux des ouvriers employés à manipuler des substances dangereuses. Le jeu, qui marque de sa griffe la physionomie de l'homme en lui communiquant une bizarre froideur, altère plus profondément encore les traits féminins.

— Sortons! dit Mme Gribeauval en s'emparant brusquement du bras de son mari.

M. Gribeauval n'osait dire un mot, sentant des mouvements convulsifs agiter les membres de sa femme. En entrant dans son appartement elle fondit en larmes.

— Je veux partir! s'écria-t-elle.

Cette détermination répondait trop aux secrets désirs du mari pour qu'il n'y fît pas écho.

— Demain, ma chère amie.

— Non, tout de suite.

Malheureusement, les heures de départ ne concordaient pas avec les volontés de la jeune femme.

— Que je suis malheureuse ! s'écria-t-elle.

— C'est une excellente leçon, pensa M. Gribeauval, heureux de ce repentir, quoiqu'au fond il regrettât que la chance se fût déclarée avec tant de défaveur contre sa femme.

Certainement Mme Gribeauval avait perdu en un clin d'œil une douzaine de mille francs, qui trottaient par la tête du mari, si régulier dans ses dépenses.

Le lendemain matin il était sur pied, à l'aube, préparant les malles.

— N'ouvrez pas les rideaux, la lumière me blesse ! dit Mme Gribeauval d'une voix plaintive.

Après un instant de silence elle ajouta :

— Je suis brisée, mon corps brûle... Laissez-moi me reposer un peu.

— Mais tu voulais partir par le premier convoi ?

— Le sommeil m'accable... Nous partirons après déjeuner, si vous le désirez.

M. Gribeauval marcha à pas mesurés dans l'appartement, craignant de réveiller la malade.

A dix heures s'étant réveillée, elle engagea son mari à

aller présenter ses compliments à Monestrol et à Mᵉ Thèse.

—Nous ne pouvons, dit-elle, nous séparer de ces messieurs qui se sont montré fort obligeants, sans leur manifester nos regrets.

M. Gribeauval obéit quoiqu'en regimbant. Aurait-il le temps de tout disposer pour le départ de midi, qui, si une circonstance fortuite le faisait manquer, rejetait les voyageurs à cinq heures du soir?

Une demi-heure après le mari rentra à l'hôtel, se gendarmant d'avoir oublié ses clefs, car c'était un homme d'habitudes régulières que M. Gribeauval.

Chose singulière, sa femme était sortie.

— Quelle imprudence ! pensa le mari en voyant les clefs de ses malles sur la cheminée.

Ayant ouvert le tiroir du secrétaire où il avait coutume d'enfermer son portefeuille, M. Gribeauval fut pris d'une sueur froide.

Le portefeuille n'était plus à sa place !

Plein d'angoisses, le mari ouvrit sans résultat les divers tiroirs du meuble. Il crut s'être trompé. Peut-être avait-il le portefeuille sur lui! D'une main fébrile, il sonda ses poches inutilement. Ce fut avec la quasi certitude de ne rien trouver que M. Gribeauval fouilla dans ses malles, rejetant au dehors tous les vêtements avec anxiété.

Au milieu de ce trouble une lueur jaillit aux yeux du mari.

Sa femme s'était emparée du portefeuille ! Ainsi s'expliquait l'insistance avec laquelle elle avait envoyé son mari présenter ses compliments à l'avocat et à l'agent de change. C'était pour se procurer une forte somme afin de jouer !

Comme un trait, M. Gribeauval partit pour la maison de jeu.

Tout d'abord il aperçut autour du tapis vert sa femme, qui froidement suivait les alternatives de la rouge et de la noire.

— Mon argent ! s'écria le mari d'une voix altérée en prenant le bras de Mme Gribeauval.

Sans répondre, elle lui montra le numéro 13 qu'elle venait de couvrir de louis.

M. Gribeauval se pencha sur la table et allongea la main pour reprendre son argent.

— A quoi pensez-vous, monsieur ? lui demanda le croupier en protégeant la mise avec son râteau.

Le numéro 13 n'avait pas répondu aux vœux de la joueuse !

A côté l'un de l'autre se tenaient les deux époux, muets, se regardant avec des yeux implacables.

— Vous avez été un peu imprudente, chère madame, dit Monestrol qui survint en ce moment. Le numéro 13 est fatal, même aux jolies femmes... Mais je sais un moyen certain de conjurer la déveine, et cette après-midi, si vous le désirez, nous en ferons l'expérience.

— C'est inutile, Monsieur, nous partons, dit M. Gribeauval.

— Déjà! s'écria Monestrol.

— Nous serions demain matin à Paris, si j'avais la somme nécessaire...

— Veuillez, je vous en prie, accepter ma bourse, dit Monestrol.

Ainsi il ne restait rien, même de la somme que M. Gribeauval avait mise de côté pour le voyage. Quelle humiliation pour un homme d'ordre! Être obligé d'emprunter!

— Aujourd'hui, dit Monestrol à Mme Gribeauval, il est bon que vous remboursiez votre mari. Je tiens une veine, permettez-moi de vous associer dans mes bénéfices.

— Ma femme joueuse! disait le mari à l'avocat... Ah! si j'avais soupçonné ce vice!

— Ne vous laissez pas aller à de tels reproches, répondit Me Thèse... Il est peu de femmes ici qui ne se livrent à semblable distraction... C'est un caprice qui prend naissance dans les villes de jeu et qui s'éteint à peine a-t-on passé la frontière... Hors de Bade, Mme Gribeauval ne songera plus au tapis vert.

— S'emparer de mon portefeuille pendant mon absence! s'écriait le mari.

— Aussi pourquoi laisser en évidence ce portefeuille tentateur ?

— En évidence ! dans un tiroir !...

— C'est votre faute, convenez-en.

— Est-il convenable que ma femme partage les bénéfices de ce Monestrol ?

— Laissez notre ami suivre la pente de sa générosité. Il en agirait de même avec des personnes qu'il connaîtrait à peine. Quoi de plus naturel qu'il rende un léger service à des compagnons de voyage dont il a été à même d'apprécier les qualités?

Le même soir, Mme Gribeauval rapporta à son mari la somme qu'elle lui avait empruntée, peut-être un peu légèrement, avouait-elle ; mais ce qui enchanta le mari fut le désir qu'exprima sa femme de quitter Bade, ce qui fit oublier à M. Gribeauval la tourmente violente par laquelle il avait passé.

Toutefois la jeune femme n'avait plus la gaieté et la vivacité d'allures du voyage précédent. Rêveuse, elle regardait sans mot dire les horizons fuyants.

— Remarquez, dit l'avocat qui accompagnait les époux, que Mme Gribeauval se repent d'avoir tenté la fortune. Mais, croyez-moi, il faut à votre retour lui procurer des distractions.

CHAPITRE VI

Jacquelin et sa curieuse industrie.

Avant de se rendre au château de Monestrol, qui y avait invité ses compagnons de voyage pour la fin de l'automne, l'avocat s'arrêta à Paris afin de veiller aux intérêts des diverses affaires dont il avait pu être chargé pendant son absence. Jusque-là il avait été tenu au courant par son secrétaire Jacquelin, un de ces êtres dévoués que les gens surchargés d'affaires ont habituellement à leurs côtés.

Jacquelin était plus enthousiaste de l'éloquence de son patron que M⁰ Thèse lui-même. Pour le clerc, chaque mot de l'avocat était sublime, et quand dans le vestiaire du Palais il tendait les manches à Mᵉ Thèse appelé à parler, Jacquelin croyait presque y entrer. C'était plus qu'un secrétaire que le clerc, et c'était autre chose qu'un ami ; il avait de secrètes analogies avec le lierre, et entourait de soins l'avocat devenu ormeau. Aussi, pour Jacquelin, Mᵉ Thèse n'avait-il pas de secrets, le regardant comme un être dont il pouvait attendre un jour de grands services.

— Qu'y a-t-il de nouveau, Jacquelin ? demanda l'avocat en feuilletant sur son bureau les papiers accumulés.

— Des mariages comme d'habitude, cher maître ; mais j'ai bien regretté votre absence à l'occasion de deux unions que je vous signale particulièrement.

— De quoi s'agit-il ?

— Voici le tableau, dit le clerc en présentant une longue pancarte à son patron.

Sur cette pancarte, divisée par arrondissements, était inscrite la liste des divers mariages, à leur date, et l'âge des futurs en gros caractères dans une colonne séparée.

Telle était une des principales fonctions de Jacquelin, de recueillir dans les mairies ces détails, grâce aux garçons de bureau.

Une autre colonne du tableau matrimonial était réservée aux divers états de fortune des conjoints, lesquels états se subdivisaient en trois classes : *richesse, aisance, médiocrité*. En face des mots *richesse* et *aisance* était une colonne d'observations sur les antécédents des nouveaux mariés et les événements qui avaient pu particulariser la noce.

Chaque feuille avait en outre son dossier.

— Voyons le dossier Gribeauval, demanda l'avocat qui contrôlait ainsi les notes de son secrétaire.

Mʳ Thèse lut à haute voix .

« Gribeauval, 52 ans, épouse Mme de Convenance, 29 ans. Le mari serait brun s'il ne portait perruque. La future, blonde et jolie, maigre dot. Fortune du mari estimée de dix-huit à vingt mille livres de rente. Belle-mère insupportable. Gendre serré. Union sans avenir. »

— Très-bien, mon garçon, très-bien, dit l'avocat en prenant amicalement l'oreille de Jacquelin, qui attendait respectueusement les observations de son patron.

— Ainsi, mon cher maître, vous approuvez ma méthode ?

— Les renseignements me semblent d'autant plus positifs que je file l'affaire.

Filer l'affaire, un terme emprunté au dictionnaire d'argot de la police, est entré dans le bagage usuel de certains avocats de bas étage, qui offrent plus d'un point de ressemblance avec les gens d'affaires.

— Les Gribeauval seront, dit l'avocat en se frottant les mains, les bases d'une excellente opération.

Jacquelin, aussi attentif que questionneur, demandait :

— Cela vaudra-t-il l'affaire Larigaudelle ?

— Meilleure de tous points.

— L'affaire Larigaudelle vous a pourtant fourni, cher maître, le thème d'une de vos plus éclatantes plaidoiries.

— Tu t'abuses, Jacquelin. Peu de chose, en vérité, que l'affaire Larigaudelle.

— Cher maître, reprit le clerc, voulez-vous me permettre une observation ?

— Parle.

— Je remarque que vous dédaignez trop les causes passées et que vous vous montez extraordinairement pour les futures.

— C'est le propre des cerveaux sans cesse en activité.

— Très-bien ! mais ne médisons pas de l'affaire Larigaudelle... Je relisais dernièrement votre plaidoirie pour la jeune épouse... Vous l'aviez enrichie de détails d'un piquant... Chacun en parlait au Palais.

— Ce ne sera rien, te dis-je, en comparaison de l'affaire Gribeauval.

— Alors, cher maître, vous avez travaillé ces vacances....?

— Travaillé, pas précisément, j'ai planté quelques jalons sur la route que suivent les Gribeauval.

— Tant mieux si vous rapportez une cause, car je crains que nous n'ayons perdu, à cause de votre absence, une demoiselle Babois.

— Babois! s'écria l'avocat. Comment peux-tu jeter tes vues, Jacquelin, sur des noms si vulgaires? Babois! Fi! Cela n'est pas de ma compétence.

— Je ne vous ai pas dit que la demoiselle Babois apportait un million à un Montesquieu-Roguet.

— Ce Montesquieu-Roguet relève un peu, il est vrai, la demoiselle Babois. Et tu es certain qu'elle est riche d'un million?

— Avec des espérances... pour le cabinet de mon patron.

— Jacquelin, tu fais des mots. Prends-y garde! le tribunal goûte médiocrement ce genre d'esprit... As-tu dressé le dossier Babois?

— Voilà... Le million sera croqué avec rapidité par le Montesquieu-Roguet, un de nos jolis dépensiers... Je suis allé à l'église et j'ai cru utile, en votre absence, de signer de votre nom le registre à la sacristie.

— Eh! mais, maître Jacquelin, vous outrepassez votre mandat.

— C'était pour lire les signatures des intimes, afin de vous procurer plus tard une entrée dans la maison.

— Bien, fit l'avocat.

— Ma présence à la sacristie a été utile en ce sens que j'ai noté un détail qui a peut-être son importance. M¹¹ᵉ Babois aura la prépondérance dans le ménage; cela est prouvé par le paraphe qu'elle a couché sur le registre...

Grande signature à la Louis XIV, majestueuse et sans émotion ; au contraire, Montesquieu-Roguet, quoique mauvais sujet, a libellé le registre avec émotion. Il y a du tremblé dans son affaire.

— Allons, tu deviens d'une certaine force, dit M⁰ Thèse. Tu mettras le dossier Babois en évidence sur le bureau... Est-ce là tout ton butin?

— Il s'est marié, continua Jacquelin, un monsieur de Cornulier avec une certaine demoiselle Théobalde, ex-marchande de modes... La fortune vient entièrement du mari ; rien du magasin de modes, vendu il y a six mois par autorité de justice... La madame de Cornulier actuelle est une fort belle personne à qui le hasard a procuré un mari. Elle a eu, dit-on, quelques aventures galantes avant son mariage ; il est à présumer qu'elle continuera... J'ai mis cette affaire au rôle pour être soumise à votre examen.

— Très-bien.

— On reçoit déjà chez les Cornulier ; il serait prudent de vous faire inviter dans la maison.

— Cela me sera d'autant plus facile, dit M⁰ Thèse en lisant la colonne d'observations, que je dois connaître ce Mérindol, inscrit ici comme un des témoins des Cornulier... Tu as raison de recueillir les noms des invités ; autant de traits d'union pour moi dans les familles étrangères.

— Cher maître, je suis reconnaissant des éloges que vous donnez à mon zèle ; aussi, dans l'intérêt de votre cabinet, me permettrai-je de vous faire une demande.

— De quoi s'agit-il ?

— Je me suis aperçu qu'au mariage des Montesquieu-Roguet mon habit noir faisait triste figure ; lustré aux coudes ainsi qu'à la poitrine, il jurait avec les brillants elbeufs des jours de noce. On peut me remarquer défavorablement ; j'ai l'air d'un parent pauvre... Il est vrai que je ne suis pas riche.

— Où veux-tu en venir ?

— Vous conservez, sans en rien faire, dans votre garde-robe l'habit noir n° 3, qui me va parfaitement.

— Tu l'as essayé ?

— Pour le comparer avec l'habit numéro 4, dont vous m'aviez fait cadeau à mon début, alors que vous ignoriez si je vous serais utile. J'affirme que l'habit numéro 3, fort propre encore, me permettrait de m'insinuer plus au cœur des grands parents, quand je me faufile dans les noces ou les enterrements.

— Soit. L'habit numéro 3 t'est accordé, à une condition toutefois. Il t'est interdit de t'en servir aux enterrements. Je n'ai rien à démêler avec les enterrements. Que vas-tu faire aux enterrements ?

— Cher maître, c'est pour m'exercer à la parole.

— Tu te la fausserais, Jacquelin... Qui diable t'a donné ce conseil ?

— Je l'avais entendu recommander au Palais, cher maître.

— N'écoute pas la racaille démocratique qui de la robe fait un élément de désordre... Serais-tu ambitieux ?

— Pour vous servir, maître.

— Que l'idée ne se présente jamais à ton esprit, Jacquelin, de te mêler aux affaires de ton pays .. Ou alors va aux enterrements démocratiques avec l'habit n° 4. Tu y apprendras également une éloquence n° 4... Celui qui t'a donné un pareil conseil est un piètre orateur... Les enterrements gâtent la main... Comment ! je t'initie à l'art de plaider les séparations, et tu songes aux oraisons funèbres... ! C'est-à-dire que je t'interdirais même l'habit n° 4, si j'apprenais que tu fréquentasses les cimetières. Pense donc qu'un cadavre, par cela même qu'il a servi d'enveloppe à des sentiments populaciers, a droit à autant d'éloges que de pelletées de terre, tandis que l'éloquence en matière de séparations exige des facultés tout opposées, du piquant, du mordant... Élevé à prononcer des éloges dans les enterrements démocratiques, et appelé en même temps à me servir de secrétaire, tu ressembles à un fabricant de pommades qu'on consulterait pour la formule d'un poison... Lis les plaidoiries des maîtres sur les séparations... Tu parlais tout à l'heure des beautés de l'affaire Larigaudelle, pénètre-t-en... Étudie les moralistes qui ont traité de la femme... As-tu seulement un cahier où sont consignées les rancunes dictées aux philosophes par le caractère de l'homme en société?... Établis un registre de *doit* et *avoir*, où, en regard des qualités des femmes, sont relatés les vices des hommes... Ce n'est pas aux convois de prétendus grands citoyens que tu te monteras le fonds d'épigrammes nécessaire à la spécialité que tu comptes embrasser un jour... Puisque tu fais preuve de bonne volonté, veux-tu un conseil?

— Ah! cher maître, j'en ai soif.

— Un autre te dirait : « Lance-toi dans la partie de l'assistance judiciaire qui a trait aux séparations entre pauvres gens; défends la femme de l'ouvrier contre les brutalités de son mari, qui la bat au lieu de lui rapporter la paye nécessaire aux besoins du ménage... Déjà une telle plaidoirie vaudrait mieux qu'un discours dans ces enterrements démocratiques; mais je préfère te donner un moyen qui te servira à la fois d'étude et de distraction... Voilà comment je procédais à ton âge, étant étudiant. Mes camarades qui avaient des maîtresses les trompaient quelquefois et le plus souvent étaient trompés par elles. D'où des injures et des brouilles. J'arrangeais tellement les affaires qu'il était rare qu'il y eût rapprochement, et naturellement je devenais l'ami de ces dames.

C'est en développant par l'étude ces facultés naturelles que j'ai pu me créer une spécialité dans laquelle je ne redoute aucun concurrent.

Ainsi jetait des graines dans l'esprit de Jacquelin M⁰ Thèse, qui, ayant trouvé dans un village de Picardie un petit paysan dont il avait fait son domestique, remarqua en lui de la curiosité, de l'instinct, lui donna à transcrire ses mémoires de séparations de corps, et en peu d'années l'appela aux fonctions de secrétaire intime.

Jacquelin avait profité de ces leçons, et, à la suite de l'audience, faisait volontiers le coup de poing avec les autres clercs pour la défense de son maître, qu'au Palais on appelait sarcastiquement l'*avocat trouble-ménage*.

CHAPITRE VII

La comédie dans le Parc.

La maison de campagne de Monestrol était située à l'Isle-Adam, pays charmant, digne de servir de décor à un opéra-comique. Entre la fin de l'automne et le commencement de l'hiver avaient lieu dans la maison de l'agent de change de joyeuses réceptions et de brillantes fêtes entremêlées de parties de chasse, de bals et de spectacles.

Les gens de bourse dépensent grandement l'argent ; les plaisirs font oublier aux plus humbles comme aux plus considérables à combien de mobilité l'or est exposé. On rencontrait chez Monestrol des remisiers, des coulissiers, des quarts d'agent de change et des quarts de vaudeviliste, car ces deux professions offrent certaines analogies, et si l'on s'inquiétait le soir à l'Isle-Adam du taux de la bourse, également on supputait la baisse et la hausse des recettes des nouvelles farces.

Des femmes élégantes se mêlaient à ce monde, qui n'était pas le meilleur monde; mais, si la plupart des hommes offraient quelque apparence commune, les femmes avaient le verni, le ragoût et le bagout. Toute chose ayant trait aux élégances parisiennes leur était connue. Un chroniqueur n'eût pas mieux raconté qu'elles les cancans du jour relatifs aux plus grands noms et aux plus anciennes familles; les registres du Jockey n'enregistraient pas un nom qui ne fût discuté par ces personnes élégantes. Attelages, actrices, clubs, formaient un fonds de conversation qui permettait à chacun de se rencontrer sur le même terrain.

Au premier aspect, ce monde tout de superficie pouvait tromper. Mme Gribeauval n'en fut pas dupe; mais elle eut soin de cacher ses observations à son mari, qui eût été choqué de la fausseté des titres de duchesse, de baronne et de comtesse dont se paraient la plupart de ces femmes, prenant leurs titres et leurs particules des gens considérables avec qui elles étaient momentanément liées.

Tout d'abord Mme Gribeauval se présenta modestement : elle avait des leçons d'élégance à prendre. Et comme les duchesses, les baronnes et les comtesses étaient heureuses de faire connaissance avec une femme en légitime possession de mari, elles firent à la nouvelle venue un agréable accueil.

La plupart étaient de fines comédiennes, car presque toutes au début s'étaient fait un piédestal des planches du théâtre, non pas seulement pour exprimer les larmes tragiques ni les rires comiques. Peintes comme des figures de cire, dont elles avaient l'intelligence, elles n'en étaient pas moins douées de la finesse féminine qui les guidait dans l'amour de la montre et de la représentation. Quoique véreuses elles ne se montraient pas jalouses d'un beau fruit ; et elles se gardèrent d'afficher des prétentions offensantes pour M˟ Gribeauval. Même elles facilitèrent les débuts de la jeune femme qui s'exposait au feu de la rampe du château de Monestrol.

Ce fut à une de ces représentations que Gribeauval *vit* sa femme pour la première fois. Il y avait trois mois que le mari vivait auprès d'une jolie créature, fine, délicate, charmante ; il ne s'était aperçu ni de ses beautés, ni de ses délicatesses, ni de ses charmes. Les coquetteries que révéla la débutante éblouirent M. Gribeauval et lui donnèrent le vertige.

Le mari devint inquiet. N'était-il pas dangereux que de telles qualités fussent exhibées devant de véritables connaisseurs qui, eux, comprenaient à première vue et témoignaient leur enthousiasme en applaudissant la jeune femme à ses entrées et en la rappelant à ses sorties? Où s'arrêterait cette progression de plaisirs qui depuis le mariage semblaient se greffer les uns sur les autres? Après les bains de mer, les maisons de jeu et la comédie dans les châteaux, que souhaiterait Mme Gribeauval? N'était-il pas dangereux de laisser contracter à la jeune femme cette soif de plaisirs que rien n'étanche?

Le mari avait rêvé un intérieur tranquille sur le fond gris duquel Mme Gribeauval devait projeter la lueur de sa jeunesse; et il était certain que ces fêtes de fin de saison se continueraient l'hiver sur une grande échelle! La jeune femme était engagée dans de futures parties. Elle était douée d'un joli filet de voix; on monterait à son intention des opérettes dans l'hôtel de Monestrol, à Paris.

Rien que l'annonce de ces spectacles remuait la bile du mari. Par sa jeunesse, Mme Gribeauval était vouée aux rôles d'amoureuses, et les déclarations qu'elle recevait en plein théâtre redoublaient les soucis de l'ex-célibataire.

A table, placé à l'extrémité opposée de sa femme, qu'il ne pouvait voir à travers les touffes de fleurs qui la cachaient, M. Gribeauval s'intéressait médiocrement au caquetage de vieilles dames, entre lesquelles on l'avait, pour ainsi dire, remisé.

Heureusement Mᵉ Thèse vint passer quelques jours à la campagne et fournir une distraction au mari.

En compagnie de l'avocat, M. Gribeauval se trouvait plus rassuré, car si Mᵉ Thèse plaidait le *contre* en matières matrimoniales, il l'adoucissait par quelques *pour* satisfaisants pour les êtres pleins d'illusions.

— Il faut, disait l'avocat, laisser les jeunes femmes goûter aux plaisirs du monde, comme on laisse les enfants croquer les baies acides des bois ; à un certain moment, lasses de ces fêtes, les femmes sollicitent elles-mêmes un peu de tranquillité. Laissez faire l'avenir.

L'avenir? Fiche de consolation pour les ambitieux, les malades, les pauvres, les malheureux, qui attendent quelquefois jusqu'à la fin de leur vie le lendemain doré qui doit leur apporter places, honneurs, richesses, santé, bonheur.

M. Gribeauval acceptait volontiers ces billets à ordre sur l'avenir ; mais sa femme ne les endossait pas.

Elle tenait pour le présent. Jamais demain, toujours aujourd'hui. La minute actuelle devait renfermer sa source de distractions, de galanteries, de bouquets, qui intéressent particulièrement les jeunes femmes.

Chasse le matin, promenades à cheval, pêche, musique et spectacles, la jeune femme en était devenue l'organisatrice et la surintendante, étant sur pied la première, fatiguant jusqu'aux hommes.

— Quelle charmante vitalité ! disait l'avocat à M. Gribeauval pour l'exercer à subir philosophiquement son sort.

Même Mᵉ Thèse avait amené le mari à se regarder comme heureux de la dépense de tant d'activité; car, suivant l'avocat, une telle nature emprisonnée au début dans un intérieur domestique eût provoqué de dangereuses aspirations auxquelles il valait mieux laisser carrière.

— On n'emploie pas un cheval arabe au labour, disait Mᵉ Thèse, la charrue serait mise en pièces.

Tout en soupirant, M. Gribeauval convenait que son ami l'avocat avait raison; car Mᵉ Thèse était devenu pour le mari un véritable ami dans le cœur duquel il aimait à s'épancher.

Combien de conversations à ce propos eurent lieu dans le parc du château pendant que les invités poursuivaient les chevreuils aux environs!

Mᵉ Thèse avait longuement médité sur le bonheur conjugal, les enfants, la vie aux champs, *loin du séjour empesté des villes* : en sa qualité d'orateur il ne détestait point les formules toutes faites. Lui aussi avait rêvé un intérieur ; mais ses rêves prirent naissance trop tard et il craignait à son âge de ne plus faire le bonheur d'une femme.

— Songez que je suis votre aîné de dix ans ! s'écriait M. Gribeauval.

— Qu'importe ! vous êtes libre de consacrer tous vos

moments à votre aimable femme. Pour moi, mon ministère s'oppose à de tels soins. Plongé tout le jour dans l'étude des dossiers, la tête férue de préoccupations judiciaires, puis-je entourer de prévenances celle à qui j'aurais été heureux de donner mon nom?

Ce dernier raisonnement rendait encore plus soucieux M. Gribeauval, qui ne voyait pas que la liberté dont il jouissait contentât sa femme.

Quand, après le dîner, la société allait faire un tour dans le parc, Monestrol offrait d'habitude son bras à Mme Gribeauval. C'était son rôle de maison. Il n'en résultait pas moins que le mari restait à l'écart; les baronnes et les comtesses faisant de maigres frais pour le mari soucieux.

Elles préféraient la société du rapin Tempête ou de son ami le pianiste, et leurs éclats de rire qui sonnaient mal aux oreilles de M. Gribeauval quand il se hasardait à suivre la joyeuse bande, indiquaient que loin de faire partie de ces groupes, il leur fournissait matière à épigrammes.

Toutefois, Monestrol traitait son hôte avec égards; et un jour M. Gribeauval ayant rencontré dans le jardin l'agent de change seul, en reçut de telles marques d'amicale courtoisie qu'il se hasarda à l'entretenir d'affaires de bourse et à lui demander conseil.

M. Gribeauval ne se sentait pourtant pas de goût pour

l'agiotage. Sa fortune était solidement assise sur la rente ; mais toute personne au courant des affaires semble bonne à consulter. La coulisse en toutes choses excite la curiosité du vulgaire qui n'y a pas ses entrées, et si les coulisses de théâtre représentent pour certaines gens un paradis, la coulisse de la bourse paraît à d'autres une mine d'or où il n'y a qu'à puiser.

D'après les conseils de Monestrol, M. Gribeauval employa quelques milliers de francs sans importance et leur fit rendre immédiatement un revenu double de celui qu'il espérait. De telles opérations sont vivement appréciées par les gens pratiques ; dès lors le séjour du château de Monestrol, quoiqu'il n'offrît pas à M. Gribeauval les mêmes plaisirs qu'à sa femme, fut regardé par le mari comme supportable, un galant homme s'étant montré soucieux de ses intérêts.

Une grande fête fut annoncée aux invités, la fête du maître de la maison lui-même, que chacun se prépara à célébrer dignement. Les invités arrivaient en foule de Paris. Un homme qui tient table ouverte une partie de l'année ne manque pas d'amis. On s'amusait à l'Isle-Adam, le bruit en était répandu depuis quelques années, et tous les gens qui avaient soif de plaisirs accouraient.

Un feu d'artifice fut préparé avant l'ouverture du bal. Le maître de la maison invita Mme Gribeauval à mettre le feu à la première fusée, véritable honneur brigué par nombre de jolies femmes.

Toutefois cette invitation fut vue de mauvais œil par M. Gribeauval, qui, ayant surpris des demi-mots sur le compte de sa femme, s'offusquait que constamment elle fût mise en avant.

— N'y a-t-il pas quelque danger pour toi, dit-il à Mme Gribeauval, à t'approcher si près de ce foyer de feu ?

Pour toute réponse, la jeune femme lui rit au nez. Et, comme le mari insistait :

— Décidément, cher, dit-elle, vous êtes ingrat de ne pas reconnaître l'honneur que me fait notre ami Monestrol, et vous devriez lui savoir gré de ses attentions. Toutes ces dames sont d'une jalousie !

Il ne fallait pas songer à lutter contre Mme Gribeauval, qui se souciait autant des défenses de son mari que de son approbation.

Ayant à l'aide d'une torche mis le feu à la fusée, la jeune femme s'éloigna rapidement sous une charmille dont l'épaisseur empêchait tout accident.

La foule était nombreuse, et une joie bruyante régnait parmi les invités qui du haut de la terrasse du château contemplaient le splendide feu, tour à tour illuminant le parc et le replongeant dans une nuit profonde.

Suivant son habitude, M. Gribeauval se promenait dans les allées désertes du jardin.

Le hasard fit qu'une lueur subite lui montra sur un banc une femme et un homme assis l'un près de l'autre.

La robe de la femme était blanche, blanche comme celle de Mme Gribeauval.

Ce fut un éclair pour le mari. Revenant sur ses pas et se glissant dans le taillis avec la précaution qu'exigeaient les feuilles sèches accumulées par l'automne, il tenta de se rapprocher du banc où lui était apparue la vision; mais une obscurité profonde avait succédé aux lueurs du feu d'artifice.

M. Gribeauval attendit. Par un détour il s'était orienté de telle sorte qu'il faisait face au banc d'où il lui avait semblé entendre les murmures de voix. En ce moment le son en était si affaibli qu'il était impossible d'en reconnaître la portée.

Était-ce Mme Gribeauval ?

En passant devant l'endroit occupé par les deux ombres, une émotion poignante semblait en avoir averti le mari. Et cependant M. Gribeauval se refusait à croire. La plupart des femmes invitées au bal ne portaient-elles pas des robes blanches ?

Quelle lâcheté se glisse au milieu des serpents de la jalousie qui empêche de s'assurer de la réalité !

M. Gribeauval était partagé entre ces perplexités, lorsque le bouquet du feu d'artifice projeta de nouvelles lueurs sur le groupe du banc. Il n'y avait pas à en douter. Là se tenaient Mme Gribeauval et Monestrol, qui, effrayés par cette lumière subite, quittèrent brusquement l'endroit.

Blotti derrière un chêne, M. Gribeauval resta pendant quelques minutes confondu, sans pouvoir donner de lien à ses pensées. Quelle conduite tenir dans de pareilles circonstances!

La nuit était venue, sombre pour le mari, qui s'éloignait la tête basse.

Tout à coup, la volonté prenant le dessus, M. Gribeauval revint vers le château, entra dans le salon disposé en théâtre, et trouva sa femme en train de se costumer pour le proverbe qu'elle devait jouer avant le bal.

— Inutile, Madame, s'écria-t-il, de changer de costume. Nous partons.

— Que vous prend-il, Monsieur? demanda Mme Gribeauval.

— Je ne puis rester plus longtemps chez un homme qui abuse de ma confiance.

— Je ne vous comprends pas, dit la jeune femme.

— Comprenez-vous les rendez-vous dans le parc?

— Dans le parc!

— Oui, dans le parc, sur un banc.

— Sur un banc! quelle singulière histoire!

— Vous avez beaucoup d'assurance, Madame, je me plais à le constater... Peut-être eût-elle été moindre si la lueur du feu d'artifice ne vous eût éloignée de ce banc avant que je pusse me présenter.

— Vraiment! reprit Mme Gribeauval, comptez-vous m'interdire toute distraction?

Ce mot *distraction* coupa la parole au mari.

Mme Gribeauval continua :

— Il fallait me prévenir au début que le théâtre vous déplaisait.

— Quel rapport ce rendez-vous dans le parc a-t-il avec le théâtre? s'écria le mari.

— Un peu de patience, Monsieur, et vous comprendrez.

— Ah! s'écria M. Gribeauval, irrité d'entendre mettre sa patience en doute, lui qui se contenait, mais dont les poings se serraient convulsivement.

En effet, sa patience devait être mise à l'épreuve, car, ayant provoqué des explications, M. Gribeauval n'obtint que des réponses ambiguës, ressources habituelles des femmes surprises en faute.

— Enfin, Madame, me direz-vous? s'écria le mari hors de lui.

— Quand vous serez en état d'écouter, Monsieur.

Ces réponses sont des seaux d'eau froide que jettent les femmes sur les soupçons ardents pour les éteindre.

Mme Gribeauval continuait à s'habiller avec calme, répondant par des paroles à côté aux explications que demandait le jaloux.

Une cloche se fit entendre.

— Mariquita, êtes-vous prête? cria au dehors Tempête, qui remplissait les fonctions de régisseur.

— Vous pouvez entrer, dit Mme Gribeauval.

Puis, s'adressant à son mari :

— Je ne vous donne pas une heure pour que ma conduite ne vous soit expliquée... Ensuite nous partirons si vous le désirez.

— Charmante! charmante! s'écria Tempête en pénétrant dans la loge. Vous allez enlever tous les cœurs.

En ce moment le piano fit entendre quelques accords.

— Voilà l'ouverture, dit Tempête. En scène; belle Mariquita.

— Prenez place dans le salon, dit Mme Gribeauval à son mari. Je veux que vous me voyiez dans cette comédie.

Ne sachant que penser de cette impudence, M. Gribeauval obéit, songeant quelle conduite il convenait de tenir. Toutefois il jugea à propos de se placer auprès de Me Thèse, pour lui demander conseil.

Le salon était plein d'une brillante assemblée qui attendait avec impatience l'audition d'une saynète espagnole dont les principaux rôles étaient tenus par Monestrol et Mme Gribeauval.

Comme dans la plupart de ces bluettes, il s'agissait d'une pupille, d'un amant et d'un tuteur jaloux, un thème connu ; mais la salle s'intéressait surtout à la façon dont les comédiens rempliraient leur rôle.

Un murmure flatteur qui s'éleva dans le salon annonça l'entrée de Mme Gribeauval, dont chaque partie du costume fut analysé par des yeux connaisseurs. Soie et velours, colorations cerise et noir rehaussaient la beauté piquante de la jeune femme, qui semblait avoir passé sa vie sur les planches. N'était-elle pas certaine de l'effet qu'elle produirait sur le public? Elle avait un joli filet de voix, faible, mais juste; on déclara qu'il existait peu de cantatrices capables de lutter avec elle.

— Ravissante ! s'écriait l'avocat Thèse en élevant en l'air ses mains gantées pour se faire remarquer.

M. Gribeauval était le seul à ne pas applaudir, mécontent de cette comédie où chaque mot n'était qu'un roucoulement d'amour. Il eût été en meilleure humeur qu'il n'eût pas goûté davantage un rôle de barbon que les amoureux couvraient de ridicule et aux mésaventures duquel toute la salle applaudissait.

Méchante comédie, songeait le mari, que celle où la jeune fille, sans cesse poursuivie par le jeune homme, coquettait avec lui, la nuit, sur un banc à la porte de la maison, pendant le sommeil du vieux tuteur ! Quoi que fît M. Gribeauval, il ne pouvait s'empêcher de comparer sa situation à celle du barbon, et cette comédie, qui mettait l'assemblée en belle humeur, ajoutait quelques rides à son front.

Après la représentation, le bal commença. Mme Gribeauval s'étant approchée de son mari entre deux contredanses :

— M'en voulez-vous encore, vilain jaloux, lui dit-elle?

Comme M. Gribeauval ne répondait pas :

— Je ne voulais pas vous enlever l'illusion de la comédie, fit-elle. Vous avez bien compris que la scène principale, nous la répétions avec M. Monestrol pendant le feu d'artifice?

Toute mauvaise défaite, les maris la saisissent avec empressement. M. Gribeauval respira plus librement.

— Voulez-vous encore que nous partions? demanda la jeune femme. Je suis à vos ordres... Vous ne répondez pas; vous vous repentez du chagrin que vous m'avez fait, gros méchant!... Ah! que les hommes sont durs...! J'ai eu bien de la peine à rentrer mes larmes en entrant en scène.

M. Gribeauval était ému.

— Allons, reprit la jeune femme, dites que vous ne le ferez plus...

Et, sans attendre la réponse de son mari, Mme Gribeauval s'élança dans les salons, où se faisait entendre le signal de la danse.

A partir de cette soirée, M. Gribeauval, battu dans ses soupçons, fut roulé dans le flot des plaisirs de sa femme, bals, soupers, concerts, partageant à l'Opéra et aux Italiens la loge de Monestrol, qui, d'ailleurs, plein de prévenances, faisait faire d'excellentes opérations financières à son ami.

Me Thèse, un des hôtes assidus de la maison, manquait rarement à ces plaisirs, et semblait un habile praticien qui observe froidement le résultat de diagnostics prévus.

CHAPITRE VIII

Premier acte d'autorité conjugale de M. Gribeauval.

Après un hiver consacré aux plaisirs, Mme Gribeauval manifesta le désir de passer l'été à la campagne ; mais le mari, fatigué d'avoir accompagné sa femme en soirée et sentant poindre de nouveaux accès de goutte qui altéraient son caractère, déclara que, cette année, il y aurait interruption de villégiature et qu'il était décidé à ne pas suivre sa femme dans cette voie.

Mme Gribeauval n'insista pas et sembla accepter un tel arrêt. Elle espérait cependant qu'une quinzaine de tranquillité suffirait à M. Gribeauval pour se remettre ; mais la goutte se prolongea, et comme depuis quelques mois la jeune femme n'avait pas vu sa mère, qui demeurait à la campagne, le mari admit cette nouvelle requête et accorda que Mme Gribeauval allât passer quelques jours à Chastellux.

Il n'est rien de tel qu'une maladie pour donner à réfléchir aux maris, surtout quand ils sont laissés seuls dans leur lit, confiés aux soins d'une femme de chambre. M. Gribeauval pensa d'abord aux mariages en général, ce qui le conduisit à dresser son propre bilan matrimonial depuis le premier jour.

Trois formes de mariage attirent plus particulièrement l'homme vers la femme : le mariage par amour, par intérêt, par raison.

La passion n'avait pas précisément entraîné les époux l'un vers l'autre; les fibres de l'ex-célibataire étaient desséchées comme avant son union; entre les deux époux n'étaient pas nées ces tendresses intimes qui suffisent à faire oublier l'humanité. M. Gribeauval constatait l'absence de l'amour au coin du foyer, et il ne pouvait en accuser sa femme, lui-même étant comme ces vieux arbres moussus qui ne donnent plus de fruits, et qu'on tolère quelquefois dans les jardins.

Quant à ce qui touchait l'intérêt, si Mme Gribeauval se livrait à de grandes dépenses pour sa toilette, elle pouvait invoquer les bénéfices que la connaissance de Monestrol faisait réaliser au ménage; toutefois M. Gribeauval, qui en se mariant avait calculé que la dot de Mlle de Convenance, si mince qu'elle fût, jointe à son avoir, augmenterait d'autant le capital, constatait que la pondération des recettes et des dépenses se faisait avec difficulté, et que couturières, parfumeurs et modistes s'opposaient à la consolidation des revenus.

Les spectacles, les bals et les concerts se succédant chaque jour n'avaient rien de commun avec l'intérieur paisible rêvé par le célibataire.

M. Gribeauval avait donc fait un mariage de raison qui n'était pas raisonnable. L'état maladif actuel dans lequel il se trouvait démontrait suffisamment qu'il eût agi avec plus de prudence en ne s'engageant pas dans les liens du mariage.

Un goutteux réfléchit à l'excès, surtout quand il ne peut poser un pied devant l'autre. M. Gribeauval passa à l'inventaire de sa propre conduite. Avait-il montré assez de fermeté depuis son mariage? Exigeait-il cette obéissance que, suivant le Code, la femme doit à son mari? Au lieu d'assister Mme Gribeauval dans ses plaisirs, ne devait-il pas manifester fermement son intention de rester à la maison en compagnie de sa femme? En ne faisant pas valoir l'autorité dont l'armaient la nature et la loi, M. Gribeauval avait manqué le premier à ses devoirs d'époux, et il constatait maintenant les conséquences de ce manque de volonté.

Mme Gribeauval était partie chez sa mère avec la promesse de ne pas dépasser une semaine. Au bout de quatre jours, le mari, qui ne prenait pas son mal en patience, résolut de faire acte d'autorité et écrivit à sa femme qu'elle eût à abréger son séjour à la campagne.

M. Gribeauval s'attendait le lendemain à une réponse, le village de Chastellux, où résidait sa belle-mère, n'étant qu'à quelques lieues de Paris. L'absence de lettre, qui n'était pas arrivée au bout d'une huitaine, irrita si profondément M. Gribeauval qu'il en résulta une secousse assez vive pour que la goutte quittât les jambes et allât sans doute se loger ailleurs.

Malgré le peu de sympathie qu'inspirait Mme de Convenance à son gendre, il se décida à aller lui-même chercher la réponse de sa femme à Chastellux.

— Veuillez, dit-il à la concierge de la maison de campagne, prévenir ma femme de mon arrivée.

— Madame! s'écria la paysanne.

Elle restait immobile, une sorte d'effarement sur le visage. M. Gribeauval alla droit au salon où se trouvait sa belle-mère.

— Comment se fait-il que ma femme ne m'ait pas répondu?

— Ne l'avez-vous pas rencontrée?

— Où?

— En route... Elle se sera croisée avec vous.

M. Gribeauval se laissa aller à un mouvement de dépit.

— Veuillez vous asseoir, mon gendre, dit Mme de Convenance. Je suis à vous dans quelques instants.

Quoi qu'elle fît, la belle-mère montrait une émotion à laquelle M. Gribeauval eût prêté attention s'il n'eût pas ressenti au fond quelque joie de l'obéissance de sa femme, qui, à sa première injonction, revenait aussitôt à Paris.

Quand Mme de Convenance rentra, elle trouva son gendre debout.

— Je repars, dit-il.

— Y songez-vous, Monsieur ! vous qui me faites de si rares visites, à peine entré vous parlez de vous remettre en route.

Rarement Mme de Convenance s'était montrée si affectueuse pour M. Gribeauval. Elle avait fait porter au premier étage sa valise et faisait de vifs efforts pour retenir son gendre.

— Songez, dit-elle, que ma fille ne vous trouvant pas à Paris, viendra, heureuse de votre guérison, vous rejoindre ici, où j'espère bien vous garder tous deux quelques jours.

— Non, il faut que je parte. Je n'ai pas dit à la maison que je venais à Chastellux... Ma femme serait inquiète.

Malgré l'insistance de sa belle-mère, M. Gribeauval revint à Paris.

— Où est ma femme? demanda-t-il à son concierge.

— Nous n'avons pas vu madame.

— Qu'est-ce que cela! pensa M. Gribeauval. Suis-je joué!

Alors seulement il se rappela l'effarement de la concierge de Chastellux, et le trouble de sa belle-mère.

M. Gribeauval, soucieux, reprit le chemin de la maison de Mme de Convenance.

— Madame, dit-il sèchement, je suis on ne peut plus surpris de n'avoir pas rencontré ma femme à Paris.

— Maintenant, fit la belle-mère, je crois que ma fille avait l'intention de s'arrêter à Provins.

— A Provins?

— Pour embrasser une amie d'enfance... qu'elle n'a pas vu depuis son mariage... Marie Tholozan.

— Voilà la première fois que j'entends ce nom, dit M. Gribeauval.

— Vous m'étonnez, mon gendre, c'est une des plus intimes amies de Delphine... Ma fille et Marie ne se sont pas quittées pendant leur jeunesse, et comme Marie demeure aux environs, Delphine lui aura rendu visite.

— Cette demoiselle habite Provins?

— Je vous l'ai dit.

— Je ne comprends pas, Madame, que vous permettiez à votre fille de vous quitter ainsi. Quand compte-t-elle revenir?

— Demain sans doute, après-demain au plus tard... Elle retournera à Paris en ligne droite.

— Ces allées et venues me fatiguent, dit M. Gribeauval... Je retourne chez moi, où j'attendrai ma femme...

Mme de Convenance, qui sentait poindre un orage, laissa partir le mari sans essayer de le retenir; mais M. Gribeauval, au lieu de retourner à Paris, prit la route de Provins, voulant ramener sa femme avec lui.

Il s'enquit de la demeure des Tholozan dans la ville; personne ne connaissait ce nom. A la mairie, à la poste, le mari ne put tirer aucun renseignement sur cette famille inconnue.

— La mère et la fille me trompent, se dit M. Gribeauval, qui revint à Paris.

Par hasard, il alla rendre visite à son agent de change. Monestrol était en Normandie.

Le mari trouva dans ce départ l'explication de la singulière conduite de Mme Gribeauval. Il lui parut probable que sa femme, comptant sur la goutte qui le retenait au lit, en avait profité pour se rendre aux bains de mer que M. Gribeauval avait formellement interdits cet été.

Mme de Convenance avait montré au début du mariage une médiocre sympathie pour son gendre, et M. Gribeauval ne fit rien pour atténuer ces fâcheuses dispositions. La belle-mère, par ses prétentions nobiliaires, jeta du froid dans l'esprit du nouveau mari, qui avait déjà assez à faire d'épouser une femme sans en épouser deux; aussi tout d'abord une séparation s'établit-elle entre le gendre et Mme de Convenance, à qui sa fille seule rendait visite.

Ces entretiens suffirent à la jeune femme pour peindre son mari sous des couleurs désagréables. Elle répétait sans cesse à sa mère qu'elle n'avait pas rencontré l'homme de son choix, qu'elle était malheureuse en ménage, et Mme de Convenance, indisposée contre son gendre, croyait facilement à ces récriminations.

Mme Gribeauval se sentant une alliée de son sexe, et outrant ses infortunes, en profita pour témoigner combien son intérieur lui devenait insupportable. Quelles exigences que celle d'un tyran qui l'empêchait de se rendre aux bains de mer où l'appelaient les soins de sa santé! Mme de Convenance commit la faute de ne pas s'opposer aux désirs de sa fille. Elle fit bien entendre quelques prudents *si ton mari le savait!* mais la jeune femme avait réponse à tout, et la goutte qui faisait garder la chambre à M. Gribeauval semblait la meilleure des raisons.

On s'imagine quel trouble s'empara de Mme de Convenance quand elle vit apparaître son gendre. Elle était femme de ressource. S'assurer du silence des domestiques, écrire à sa fille, à Étretat, ne demandèrent pas à la mère plus de cinq minutes pendant lesquelles fut forgée l'invention de Marie Tholozan.

« Reviens ici sans perdre une seconde, » écrivait Mme de Convenance à sa fille.

Malheureusement Mme Gribeauval, en excursion avec sa cour habituelle composée de Monestrol et de Tempête, ne reçut la lettre que le lendemain.

La situation était mauvaise. Dans sa précipitation, Mme de Convenance n'avait pas fait connaître à sa fille l'*alibi* qu'elle invoquait en la faisant séjourner chez les Tholozan, dus à son imagination.

Mme Gribeauval, jugeant d'un coup d'œil le danger, plaça son espoir dans ses parents, les Michel Guérin, chez lesquels elle serait censée avoir commis une légère escapade.

Aussitôt elle prit la route de Port-en-Bisc, où sa tante la reçut à bras ouverts. Une si affectueuse réception amena Mme Gribeauval à se confier à ses parents.

— J'ai, dit-elle, ma bonne tante, un service à vous demander.

— Parle, mon enfant.

Alors la jeune femme dit les motifs qui l'avaient amenée à Étretat, sans toutefois parler de ses compagnons de voyage.

— Tu as commis une énorme faute, ma nièce... Délaisser un mari, quelles que soient ses exigences, est d'autant plus grave que tu as laissé M. Gribeauval malade... Comment ta mère a-t-elle pu prêter les mains à un pareil complot?

C'était une femme excellente que la tante, mais cachant des principes arrêtés sous une apparence cordiale.

— Ta conduite est blâmable, ma nièce. Il faut retourner vers ton mari, lui faire l'aveu de ta faute et en obtenir le pardon.

Emue comme devant un juge, Mme Gribeauval ne savait que répondre lorsque entra Michel Guérin. Sa femme ne crut pas devoir lui cacher l'objet de la demande de sa nièce, elle qui ne prenait nulle décision sans son mari.

— Mon enfant, dit l'oncle d'un ton paternel à la jeune femme, vous entrez dans une voie fâcheuse et vous vous préparez un sombre avenir... Je ne vous dirai pas qu'il ne fallait pas épouser M. Gribeauval, si vous ne ressentiez aucune affection pour lui... Votre union a été consentie librement par vous ; vous ne pouvez la briser légèrement... Voulez-vous un conseil ? Partez aussitôt.

Les paroles des deux époux étaient empreintes de tant de fermeté que Mme Gribeauval ne tenta pas de se défendre.

— Au moins, dit-elle, vous prierais-je de me donner un témoignage de mon séjour auprès de vous.

Sa tante la regarda fixement.

— Ma nièce, dit-elle, une heure auprès de nous n'est pas un séjour. Nulle considération ne me fera transiger avec la vérité. Nous allons vous conduire à la voiture, et, si vous le désirez, mon mari écrira à M. Gribeauval pour le disposer à l'indulgence.

Mme Gribeauval insistait pour que sa tante ne la reconduisît pas ; mais les Guérin avaient à cœur de ne plus quitter leur nièce pour l'affermir jusqu'au départ dans sa résolution de reprendre le collier du devoir. Leur figure devint particulièrement sévère quand les deux époux aperçurent à la porte de l'auberge Monestrol et Tempête, qui, l'année précédente, n'avaient excité en eux nulle sympathie.

— Ma nièce, dit Michel Guérin, votre faute est plus grave encore que je ne le supposais... Des étrangers vous accompagnent, que sans doute n'a pas choisis votre mari... Je regrette que vous me fassiez trouver en leur présence ; ce sera la dernière fois... Ma fille a quatorze ans : rappelez-vous-le... Il importe qu'à l'avenir une personne de sa famille ne lui donne pas de pareils exemples.

C'était un congé et une rupture. Mme Gribeauval en fut frappée sur le coup ; mais la rapidité de son retour, le danger qu'elle courait, lui firent oublier ces fâcheuses impressions.

Après s'être entendue avec sa mère, elle revint à Paris, souriante, empressée en apparence.

6.

— M'expliquerez-vous votre conduite? s'écria M. Gribeauval irrité.

— Je viens de chez ma mère.

— Et quand moi-même je me suis rendu chez Mme de Convenance, où étiez-vous ?

— Auprès de mon amie, Marie Tholozan.

— Où demeure cette demoiselle ?

— Ma mère ne vous l'a-t-elle pas dit ?

— Il est fâcheux, Madame, qu'à Provins on ignore l'existence de cette personne.

— Vous êtes allé à Provins ?

— Sans doute.

— Vous n'avez pas compris ma mère. Elle vous a dit que j'étais en province.

M. Gribeauval resta stupéfait.

— *En* et non pas *à*, reprit Mme Gribeauval.

— Madame, reprit le mari irrité, je n'aime pas ces subtilités combinées par deux femmes.

— Vous osez mettre en doute la parole de ma mère.

M. Gribeauval haussait les épaules.

— C'est une indignité, Monsieur !

Alors Mme Gribeauval, jouant la colère, se plaignit de l'inquisition exercée par son mari. L'union était-elle possible entre des époux s'il n'existait pas de confiance absolue ?

Si Mme Gribeauval l'eût pris sur le ton de la douceur,

peut-être eût-elle convaincu son mari ; mais sa fausse irritation n'influençait pas une jalouse froideur, et il fallait une grande comédienne pour triompher d'un tel flegme.

Le résultat fut que la jeune femme, s'entêtant dans son système de dénégations, offusqua d'autant plus M. Gribeauval, qui accueillit avec calme l'annonce de la retraite de sa femme chez sa mère, jusqu'au jour où d'injustes soupçons tomberaient pour faire place à la concorde. Peut-être encore cette menace eût-elle été suivie d'une réconciliation, si Mᵐᵉ Gribeauval eût mis quelque délai à l'accomplissement de sa parole ; mais le mari ne crut pas que sa femme osât quitter ainsi le domicile conjugal.

Au dîner Mᵐᵉ Gribeauval ne reparut pas.

Elle ne revint ni le soir ni le lendemain.

Coup de tête hardi, surtout quand un commissionnaire vint demander les malles de Mᵐᵉ Gribeauval. Irrité et faisant acte d'autorité pour la première fois depuis son mariage, M. Gribeauval refusa.

CHAPITRE IX

Première consultation de Mᵉ Thèse.

Quelques jours après, M. Gribeauval entra dans le cabinet de Mᵉ Thèse.

— Ma femme me trompe! s'écria-t-il.

L'avocat regarda le mari pour se rendre compte de l'altération de sa physionomie.

— D'abord, mon cher monsieur Gribeauval, asseyez-vous.

— Je veux une séparation éclatante...

— Éclatante! Vous n'y pensez pas.. Tâchez de rappeler à vous votre calme habituel... Éclatante! Comme vous y allez!

— Mme de Convenance s'est conduite avec moi d'une façon scandaleuse. Le scandale retombera sur elle.

— Avez-vous des preuves? demanda Me Thèse.

— Dernièrement encore elle était aux bains de mer.

— Toutes les femmes vont aux bains de mer.

— Mais elle m'a quitté, moi malade, sous le prétexte de se rendre chez sa mère, et j'ai constaté que sa malle portait le bulletin des bagages d'Etretat...

— En matière de preuves, dit Me Thèse secouant la tête, il faut mieux que cela.

— Mieux que cela ! s'écria M. Gribeauval.

— Les tribunaux sont très-difficiles en matière de séparations et veulent des preuves palpables... D'abord, que demandez-vous?

— La condamnation de Mme de Convenance.

— Vous auriez le courage de faire condamner une femme charmante ? A quoi vous mène une telle détermination ?

— Cette détermination fera rentrer cent mille francs dans mon portefeuille. N'ai-je pas commis la faute de faire donation à Mme de Convenance, en l'épousant, d'un petit hôtel de la valeur de cent mille francs ? Or, en obtenant la séparation de ma femme, elle s'en retourne chez sa mère comme elle était sortie, sans fortune, et je rentre dans mon immeuble.

— Vous comptez donc, demanda Mᵉ Thèse, vous appuyer sur la question d'ingratitude ?

— Oui, c'est une ingrate fieffée.

— Si vous parlez sentiment, jamais nous ne nous entendrons. L'ingratitude du Code et l'ingratitude du Dictionnaire sont deux. Invoquez-vous l'ingratitude légale ou l'ingratitude sociale ?

— Je suis pour le Code, disait M. Gribeauval.

— Eh bien, le Code a admis le retrait d'une donation pour cause d'ingratitude, mais au dix-septième siècle. Or, vous n'êtes pas sujet de Louis XIV.

Mᵉ Thèse fouilla le Code.

— Titre soixante, article dix-neuf, commentaire deux mille quatre : « L'épouse convaincue d'ingratitude ne pourra s'opposer aux reprises du mari; » mais la législation a fait des progrès depuis la Révolution... Je vais vous lire les commentateurs modernes.

— Donnez-moi votre avis, fit M. Gribeauval, et laissez là les commentateurs...

— Une femme mariée, continua l'avocat, peut être poursuivie comme infidèle; les législateurs actuels ne reconnaissent plus son ingratitude.

— Alors, je plaide l'infidélité !

— Dans ce cas, outre la possession du petit hôtel, Mᵐᵉ Gribeauval demandera naturellement une pension alimentaire suivant l'état de votre fortune... Vous jouissez de vingt-cinq mille livres de rente, le tribunal allouera à Mme Gribeauval une pension d'une dizaine de mille francs.

— A ce compte, fit le mari, j'aime autant ne pas me séparer. Dix mille francs par an! Merci... J'ai un cousin qui a été condamné à servir douze cents francs de pension à sa femme, qui le trompait... Je ne veux pas être traité plus durement que mon cousin... Que Mme de Convenance devienne ensuite ce qu'elle voudra avec ses douze cents francs, je ne m'en inquièterai plus; mais d'abord il faut la faire condamner comme adultère.

— Adultère est un bien gros mot...

— Pas assez gros pour caractériser une pareille tromperie... Non, on n'a jamais été trompé de la sorte...

— Mon cher monsieur Gribeauval, plus de faits s'il vous plaît et moins de récriminations... Votre femme vous trompe... Très-bien. Comment vous trompe-t-elle? Depuis quand vous trompe-t-elle? Le cas est-il fréquent de la part de celle que vous accusez?

— Qu'importe comment et combien de fois Mlle de Convenance m'a trompé! Elle me trompe, vous dis-je.

— C'est qu'il y a tant de variétés dans l'art de tromper!... Le public est excessivement friand de ces détails.

— Je me soucie bien du public!

— Vous avez tort. Le public joue un rôle dans la

question... Croyez-vous pouvoir vous montrer à l'audience sous un jour intéressant?

— Intéressant! s'écria M. Gribeauval.

— On voit que vous n'avez pas l'habitude de ces sortes d'affaires... Je vous répète que vous devez faire tous vos efforts pour garder le beau rôle... Procédons méthodiquement. Quelle est la situation de l'amant?

— Je ne vous ai pas dit qu'il y avait un amant.

— Comment, vous voulez attaquer votre femme en séparation et vous n'êtes pas mieux renseigné sur le corps de délit?

— Oh! les corps de délit sont nombreux...

— De nombreux amants alors?

— Vous allez trop loin, M° Thèse, je n'ai pas parlé de plusieurs amants...

— Alors nous ne parlons pas la même langue... Vous me dites que Mme Gribeauval vous trompe. Traduction : elle a un amant... Vous ajoutez que les délits sont nombreux; j'entends par là plusieurs amants...

— Plusieurs! s'écria piteusement le mari.

— Croyez-vous que vous seriez le premier à en fournir les preuves?... Mettons quatre ou cinq amants...

— Mais je ne suis même pas certain que M. Monestrol...

L'avocat se recueillit.

— Monestrol, dit-il, ne fait pas doute.

— Vous êtes cruel, Mᵉ Thèse, dans vos affirmations.

— Mais quel homme êtes-vous ? Comment, vous vous mariez, croyant échapper au sort habituel des maris... Mon cher Monsieur Gribeauval, vous me faites rire... Vous êtes-vous imaginé qu'à Paris, au sein des plaisirs, vous pouviez conserver une femme exclusivement pour vous? Ce serait de l'aberration. Les femmes monogames, rappelez-vous le, sont aussi rares que les rosières... Mais la fidélité conjugale décrétée par le Code est le plus souvent un leurre, et si les législateurs modernes n'ont pas rétabli le divorce, c'est que le divorce existe dans la plupart des ménages parisiens.

M. Gribeauval se demandait si le conseiller auquel il venait soumettre ses plaintes n'était pas un être diabolique, lançant un souffle empesté sur l'institution du mariage. Le sans-façon avec lequel Mᵉ Thèse parlait du Code renversait toutes ses idées.

— Vous ne pouvez, dit l'avocat, vous attacher à la monogamie comme planche de salut... Elle foncerait sous vous et je ne me charge pas de vous repêcher... Avez-vous perquis dans votre appartement?

— Perquis? demanda M. Gribeauval.

— Les maris qui s'entendent à ces sortes d'affaires commencent par des perquisitions... Vous n'avez pas perquis, vous êtes naïf, permettez-moi de vous le dire...

En première ligne des corps de délit prennent place les correspondances amoureuses... Passez-moi les lettres.

M. Gribeauval ne répondait pas.

— Dépêchons, reprit l'avocat... Donnez-moi le paquet entouré d'une faveur rose.

M⁰ Thèse, voyant qu'il ne pouvait tirer de réponse du mari, alla à lui et lui frappa sur la poitrine comme s'il voulait l'ausculter.

— Et vous vous présentez dans mon cabinet sans lettres amoureuses? Quel singulier plaignant!

— Je n'ai pas cherché de lettres, reprit le mari.

— Il y en a, fit l'avocat.

— Vous le savez? s'écria M. Gribeauval.

— Je n'en sais rien, je sais qu'il existe une correspondance... Je ne l'ai pas vue, je la vois...

— Où? demanda le mari.

— Ici s'arrête mon ministère, dit M⁰ Thèse; je n'ai pas mission de faire une perquisition dans le boudoir de M™⁰ Gribeauval. Je dis, mais ceci est confidentiel, qu'il doit se trouver quelque petit meuble dont la clef est absente, que dans les tiroirs est enfermée une correspondance entourée de faveur rose ou bleue, qu'il existe d'honnêtes serruriers qui ouvrent délicatement ces sortes de meubles sur votre réquisition de mari, qu'après ouverture vous trouverez le corps du délit, que vous le lirez avec attention, et que vous me l'apporterez s'il contient des preuves. Alors, recueilli dans le silence du cabinet, je verrai après examen des pièces à vous donner une consultation qui sera la principale pierre de votre affaire.

— Très-bien, fit M. Gribeauval.

— La demande en séparation, continua l'avocat, ne marche qu'appuyée sur une correspondance dans laquelle l'accusée et ses complices avouent leurs manœuvres et tromperies... Tel est le caractère de la correspondance délictueuse de ne laisser aucun doute dans l'esprit des juges en montrant le fonds passionné qui en forme la base. Cette correspondance doit préciser autant que possible le lieu, le jour et l'heure où le délit a été commis ; il faut que chaque terme en soit assez précis pour équivaloir à la constatation du fait par un commissaire de police... Le mari doit y être injurié gravement, surtout par la femme...

— Est-ce bien nécessaire? demanda M. Gribeauval, effrayé de la recette en matière de séparation que l'avocat lui exposait.

— Indispensable, reprit M⁰ Thèse... Si la femme traîne son mari dans la boue, la cause n'en est que meilleure.

M. Gribeauval atterré écoutait l'avocat et se fût presque repenti de sa demande en action judiciaire, si les torts de sa femme eussent été moins palpables. Ce fut dans un état de trouble extrême qu'il quitta le cabinet de son conseil, qui lui recommandait par-dessus tout de ne se représenter qu'avec des preuves écrites.

La préoccupation de l'avocat pendant sa consultation avait été d'attendre la visite de Mme Gribeauval, qui sans doute le choisirait pour conseil dans cette affaire.

Me Thèse était avant tout le défenseur des femmes dans les séparations de corps. Comme les chiens que les douaniers élèvent à poursuivre les contrebandiers et qui ne flairent plus d'autres gibiers, l'avocat spécialiste était malhabile à plaider pour l'homme. Il avait choisi la femme pour sujet de ses plaidoiries, ainsi que les médecins qui appliquent exclusivement la pratique de leur art aux maladies nerveuses féminines.

L'arsenal des effets oratoires de Me Thèse était bourré d'arguments antimasculins, et il collectionnait spécialement toutes sortes d'armes défensives pour « le sexe »; de même que les membres de la société protectrice des animaux, l'avocat avait accumulé dans ses cartons des exemples de colères, de rudesses, de brutalités masculines; et s'il était accusé au palais de refaire depuis vingt ans le même discours, on ne pouvait nier le piquant des sauces à l'aide desquelles, en habile cuisinier, il relevait ses plaidoiries.

Cet art de «bien dire» plaisait au tribunal, quoique l'honorabilité de Me Thèse y eût été plus d'une fois mise en doute; toutefois, les juges étant hommes, c'est-à-dire naturellement portés à amnistier le beau sexe, Mᵉ Thèse s'était fait une réputation de spécialiste en matière de séparation, réputation tant soit peu équivoque; mais jusque-là l'avocat avait échappé aux peines disciplinaires que la corporation a mises au pouvoir de ses supérieurs.

Quand, quelques jours après, M. Gribeauval se présenta rayonnant dans le cabinet de Mᵉ Thèse, celui-ci jugea que le mari était en possession de preuves et qu'il avait peut-être été imprudent de le pousser si vivement dans cette voie.

En effet, M. Gribeauval tira de sa poche deux paquets de lettres entourés de faveurs de couleurs différentes.

— Vous me l'aviez bien dit, Mᵉ Thèse, s'écria-t-il. Il existe une correspondance intéressante.

— Il faudra voir, dit l'avocat.

— C'est tout vu, reprit le mari. Les preuves sont accablantes.

M. Gribeauval se passait complaisamment les mains l'une sur l'autre. Un peu plus il les eût frottées joyeusement.

Plus d'un mari, atterré au début par la découverte de faits qu'il regarde comme attentatoires à son honneur, se relève plus tard sous le coup qui l'a frappé; l'idée de se venger, la chasse aux preuves l'excitent et lui font oublier le rôle délicat que lui-même joue dans le drame.

— J'examinerai ces papiers lorsque l'heure sera venue, dit Me Thèse; et, si vous continuez à poursuivre l'affaire...

— Poursuivre l'affaire! Mais elle est imminente. Dans cette correspondance, les preuves de mon déshonneur éclatent à chaque ligne.

— Cher monsieur Gribeauval, dit froidement l'avocat, nous sommes en plein dix-neuvième siècle... Et vous, un homme moderne, vous employez encore un terme dont vous ne me paraissez pas comprendre la portée... Ne parlez pas de déshonneur dans une affaire de cette nature! Nous appelons déshonoré un homme condamné en police correctionnelle et privé de ses droits civiques. Voilà le véritable déshonneur. Mais parce qu'une jeune femme se prend de caprice pour quelque galant, vous vous dites déshonoré...? Jamais! Donnez-moi la main, mon cher monsieur Gribeauval. Là... Vous vous imaginez bien que je ne la tendrais pas si cordialement à un être déshonoré... Ah! vous iriez loin en abusant de pareils mots! Savez-vous qu'avec votre système Paris compterait peu d'hommes parfaitement honorables? Et même Mme Gribeauval, au cas où elle serait coupable, a-t-elle comploté de vous ravir l'honneur? Elle a obéi ce jour-là à quelque fantaisie qui lui a passé par la tête, sans songer à vous. Vous pouvez l'ignorer, vivre tranquille, exercer vos droits de citoyen, déposer dans l'urne votre vote pour le choix de vos mandataires politiques...

— A quoi me servira-t-il de plaider, demanda M. Gribeauval, si c'est ainsi que vous me défendez ?

Sans se démonter, l'avocat, qui avait oublié qu'il était le conseil du mari outragé, s'en tira par un habile plongeon.

— Certainement ce n'est pas un déshonneur d'être trompé par sa femme, mais le coup est accablant. Rupture de toute tranquillité domestique, oreiller bourré de soucis, défiance dans les rapports de chaque instant, bris de toute amitié, soupçons sans cesse renaissants, solitude du foyer, voilà ce qu'engendre la légèreté des femmes. M. Gribeauval, je vous comprends et je vous plains. Arrivé à un certain âge, pouvant faire la joie d'une jeune épouse, vous lui avez juré votre foi, lui demandant la sienne en échange. Vous avez tenu fidèlement vos serments ; elle a cru qu'elle pouvait violer les siens, car les lois sociales sont tellement éludées, les mœurs si faciles que chacun croit aujourd'hui pouvoir s'arroger des droits particuliers, obéir à un code édicté par la fantaisie.

— Voilà qui est mieux parlé, fit M. Gribeauval.

— Ah ! j'ai besoin de vos encouragements, s'écria l'avocat, car la séparation de corps est assise au foyer d'un si grand nombre de ménages, qu'on ne sait quel remède employer pour la réduire à néant... Connaissez-vous, Monsieur Gribeauval, ce conte oriental dans lequel un sultan vit séparé de la sultane favorite par un sabre placé entre eux dans le lit... Paris a réalisé la fable du conteur. Il y a un damas entre les époux de la plupart des ménages de la bourgeoisie et de la noblesse, de la rue aux Ours à la rue Notre-Dame-de-Lorette... Et il semble bizarre qu'un homme de bon sens se gendarme contre l'introduction de cette arme dans le lit conjugal.

— Encore! s'écria M. Gribeauval.

A tout instant l'avocat commençait une période contre la femme, laquelle période, par la force de l'habitude, finissait par l'amnistier.

— Mais lisez ces lettres! s'écria M. Gribeauval, étalant sur le bureau de l'avocat les preuves contre celle qu'il appelait « sa coupable épouse. »

— Je connais cela, dit M⁰ Thèse en repoussant le dossier. Ce sont des lettres comme d'habitude.

— Non, pas comme d'habitude.

— Je vous accorde qu'elles soient tendres.

— Oh! tendres! s'écriait le mari trouvant l'épithète trop douce.

— Passionnées, soit!

— Plus que passionnées!

— Brûlantes, si le mot vous plaît... Nous nous présentons donc à l'audience avec divers paquets de correspondance brûlante... Cela ne vaudra jamais un bon flagrant délit... Avez-vous songé au flagrant délit?

— Rien de plus difficile ! s'écriait M. Gribeauval.

— Les tribunaux cependant ont un faible pour le flagrant délit... Votre cause deviendrait excellente avec un bon flagrant délit dûment constaté.

— Comment m'y prendre?

— En faisant vous-même une instruction.

— Ne l'ai-je déjà pas faite? Vous me demandiez l'autre jour que je vous apportasse le corps du délit... Voilà des lettres qui sont, si je ne me trompe, un fameux corps de délit.

— Le corps de délit, reprit sentencieusement l'avocat, ne pèse rien dans la balance en face du flagrant délit... A votre place, je me mettrais en quête de la piste qu'a suivie Mme Gribeauval pendant votre maladie; j'interrogerais hôtesses, conducteurs de voiture, restaurateurs, servantes, baigneurs...

— Vous voulez donc que je passe ma vie en interrogatoires? s'écria M. Gribeauval.

— Quand vous tiendrez le bout du fil des intrigues qui vous amènent à demander réparation aux tribunaux, rien ne sera plus facile que de recueillir des dépositions, de grouper des témoignages, de faire enfin que votre cause devienne claire et lumineuse.

— Mais ces lettres?

— Les lettres ne prouvent rien. Les femmes écrivent si facilement ! Le papier les attire ; elles y couchent leurs sensations sans le plus souvent songer à mal... Mon cher monsieur Gribeauval, les magistrats sont des esprits réfléchis qui, connaissant la frivolité des femmes, sont portés à les innocenter. Il faut des preuves plus matérielles... Allez dans les pays que votre femme a traversés ; marchez pour ainsi dire dans chacun de ses pas et revenez me voir.

— Mais cette demande en séparation sera pendante pendant six mois.

— Et qu'importe ! vous pouvez bien donner six mois de votre existence pour être séparé toute la vie ? Partez, mon cher Gribeauval ! Montrez du sang-froid, de la fermeté, du coup d'œil ; ce sont les principales qualités d'un homme qui instruit une affaire, et ainsi vous arriverez au couronnement de l'édifice.

CHAPITRE X

Seconde consultation plus agréable que la première.

Ce qui étonnait le plus M⁰ Thèse dans cette affaire était non pas la demande en séparation par le mari, car l'issue d'un tel mariage n'avait jamais semblé douteuse à l'avocat ; mais ne point recevoir de nouvelles de Mᵐᵉ Gribeauval était pour Mᵉ Thèse matière à récriminations qui ne concordaient guère avec les soins affectueux dont il avait jusque-là entouré la jeune femme.

L'araignée qui a passé de longues journées à tisser ses toiles s'inquiète de ne pas y trouver de mouches.

Un matin pourtant, Mᵐᵉ Gribeauval se fit annoncer chez

l'avocat, qui respira largement en signe d'intérieure satisfaction.

Mme Gribeauval entra vêtue de noir, le teint brillant. On l'eût prise pour une jeune veuve qui, après la quinzaine de rigueur consacrée à pleurer le défunt, trouve quelque jouissance à rehausser sa beauté par un deuil élégant.

— Vous êtes charmante, Madame, dit l'avocat.

— Vraiment ?

— Si charmante que j'en oublie les reproches que j'avais à vous faire. Vous n'avez plus d'affection pour votre conseil !

— Serais-je à cette heure dans ce cabinet ?

— Peut-être... sans les dangers que vous courez.

— Les dangers ? s'écria Mme Gribeauval en souriant.

— Cette séparation de corps !

— Quelle séparation ?

— Ignorez-vous que votre mari se prépare à vous intenter une action ?

— M. Gribeauval a plus mauvais caractère que je ne le supposais.

— Il ne sait pas vivre, reprit l'avocat. Aussi demande-t-il aux tribunaux la consécration légale de cette séparation...

— Cela le regarde, dit Mme Gribeauval.

— Chère madame, vous parlez bien légèrement d'une

affaire grave. Ce n'est pas tout que de séparer les corps, il faut aussi séparer les biens... M. Gribeauval compte rentrer en possession de son petit hôtel...

— Il me l'a donné, l'hôtel est à moi.

— Prenez garde, fit M⁰ Thèse, c'est une donation et non une dotation...

— Je ne comprends rien à ces subtilités !

— Le Code, continua l'avocat, est pavé de pareilles trappes...Si votre mari vous avait reconnu l'immeuble comme apport de votre part, autrement dit comme dot, il n'y aurait plus à revenir là-dessus, l'hôtel vous resterait ; mais il vous est acquis seulement à titre de donation, et cette donation M. Gribeauval entend la faire rompre judiciairement pour cause d'ingratitude de votre part... Or, l'ingratitude est parfaitement plaidable dans le cas actuel.

M⁰ Thèse ouvrit un volume à sa portée.

— Si quelques auteurs n'admettent pas que la loi puisse être armée si sévèrement contre l'ingrat, bon nombre de commentateurs s'en prévalent...

— Eh bien, dit la jeune femme, je perdrai l'hôtel ; mais M. Gribeauval me fera une pension en rapport avec sa fortune.

— Je regrette, reprit M⁰ Thèse, de souffler sur ces illusions... Le chiffre de la pension exigible d'un mari est souvent abaissé au dernier degré par le tribunal, suivant la conduite des époux... Si vos moyens de justification sont excellents, la séparation peut être prononcée à votre bénéfice ; mais on a vu des cas où, un mari ayant le beau rôle, la pension alimentaire, fixée par les magistrats, est peu en rapport avec les besoins d'une jeune femme à la mode...

— Une pension alimentaire ! fi, le vilain mot!

— Ce vilain mot est malheureusement suivi d'effet quand il est établi aux débats que les torts proviennent de la femme.

— Je ne crains rien.

— Cependant votre mari a mis la main sur une certaine correspondance.

— Ah ! fit Mme Gribeauval pensive... il se sera permis de forcer mon coffret.

— Je le pense, dit l'avocat, et les lettres qu'il possède sont accablantes suivant lui.

— Vous êtes mon ami, dit Mme Gribeauval en prenant la main de l'avocat, vous me comprendrez... Mon cœur ne demandait qu'à s'ouvrir tout entier à un homme sur l'affection duquel il m'eût été permis de compter... C'est ainsi que je consentis, sur les instances de ma mère, à épouser M. Gribeauval, quoiqu'il me convînt médiocrement. A peine mariée, moi expansive et tendre, je n'ai trouvé qu'un caractère renfermé, un esprit étroit, une nature vulgaire, sans cesse préoccupée d'intérêts matériels. A tout instant mon mari tremblait que sa fortune ne fût diminuée d'un sou... Tous ses soins étaient consacrés à cet argent qu'il caressait et chérissait. Pour moi, rien!... Est-ce le sort auquel devait s'attendre une jeune femme?

— Non, certainement, dit l'avocat.

— Mon cœur en a saigné; ce qu'il contenait d'affection était immense...Il m'a semblé que, le jour même de mon mariage, un maladroit emmêlait à tel point la serrure du coffre de ces affections qu'il n'était plus possible d'e nouvrir le couvercle.

— Que vous avez d'esprit! s'écria M° Thèse. Je prends note de cette comparaison, elle fera merveille dans ma plaidoirie.

— Est-il bien nécessaire de plaider?

— Hélas! chère madame, ce n'est pas vous qui êtes appelée à juger s'il y a nécessité. M. Gribeauval l'exige, et je le sais d'autant mieux qu'il m'a choisi pour son conseil.

— Vous, monsieur Thèse, vous mon ami qui, depuis le premier jour de mon mariage, m'avez témoigné tant de sympathies!

— Pouvais-je refuser mon ministère à un homme qui y faisait appel?

— Sans contredit.

— N'étais-je pas le témoin de M. Gribeauval le jour de ses noces?

— Qu'importe!

— Si encore j'avais eu le plaisir de vous voir ; mais je n'entendais plus parler de vous.

La robe a toujours montré un faible pour la robe. Ce sont deux priviléges qui se prêtent volontiers main-forte. M⁰ Thèse ne paraissait pas difficile à gagner. La femme qu'il avait en face de lui dans son cabinet était particulièrement charmante ; les yeux plaidaient la cause d'une façon si tendre que l'avocat passa brusquement d'un camp dans l'autre.

— Que dirai-je à M. Gribeauval ? fit-il.

— Un avocat demander à sa cliente ce qu'il répondra à son adversaire ! vous voulez railler, cher monsieur Thèse.

— Sans doute votre cause est plaidable, mais elle offre des difficultés...

— Vous la gagneriez impossible.

— Chère madame, vous rappelez-vous ce que contiennent vos lettres ?

— Tout et rien.

— Comment l'entendez-vous?

— Tout pour les ennemis des femmes, rien pour ceux qui comprennent leur sensibilité.

— Il n'y a donc rien pour moi? s'écria M⁰ Thèse.

— Voilà une bonne parole, dit Mme Gribeauval en tendant sa main à l'avocat.

Me Thèse était bilieux, froid, d'apparence dédaigneuse. Un collier de barbe qui des oreilles s'arrondissait sous le cou en faisant place nette au menton, rappelait la disposition des poils de certains macaques. Et pourtant la pression de main de la jeune femme changea la physionomie de l'avocat et donna une ombre de tendresse à ce masque simiesque.

Ce sont de ces détails qu'observent particulièrement les femmes : plus un être froid et dédaigneux devient sensible, plus grande est la constatation du pouvoir féminin ; aussi cette victoire rend-elle quelques femmes moins délicates sur la laideur de l'homme.

La longue lèvre supérieure de Me Thèse, cette lèvre démesurée, droite comme un mur, mise en accord parfait par le rasoir avec la glabre netteté d'un menton en forme de fauteuil, cette lèvre, qui n'avait de relief qu'avec la toque et la toge, prenait dans la consultation de Mme Gribeauval des courbes plus humaines, et, malgré les paupières rougies de l'avocat protégeant sa vue par des lunettes bleutées, il s'échappait par les coins des sortes de flammes qui montraient que Me Thèse croyait à sa cause et à sa cliente.

Ainsi s'explique l'influence féminine dans un cabinet de juge, d'avoué ou d'avocat. Sur le papier sévère de la tenture, sur les reliures rigides des accumulations juridiques des Delvincourt et des Troplong, se détache une apparition que les amoncellements de papier timbré rendent plus poétique encore. De l'entrée d'une jeune femme se dégage de tendres senteurs qui font oublier l'horrible odeur des dossiers de procédure.

Mᵐᵉ Gribeauval dans le cabinet de l'avocat semblait plus séduisante encore qu'aux bains de mer, et Mᵉ Thèse découvrait dans sa cliente de nouvelles beautés. Elle avait des regards de côté à faire damner ; le moindre coup d'œil donnait à chacun de ses mots un tour piquant qui faisait paraître à l'avocat lui-même sa dialectique mince et sans portée.

A cette heure, M. Gribeauval paraissait particulièrement indigne de posséder une si aimable créature.

— *Cet homme* perdra, chère madame, s'écria Mᵉ Thèse.

— Ah ! que vous me faites bien de parler ainsi !

— Il perdra, je vous le jure ; mais vous ne devez rien me cacher de vos imprudences, si légères qu'elles soient.

— M. Monestrol m'accablait de prévenances, vous en avez été témoin... J'écrivais à M. Monestrol comme à un ami.

— N'est-ce que cela ? Nous gagnerons.

— Il y a des lettres également adressées à Tempête.

— Comment, Tempête ?

— Il m'amusait tellement avec ses caricatures de M. Gribeauval.

— Ce Tempête était-il capable de comprendre vos sentiments?

— L'excessive gaieté de l'artiste est un masque, je m'en suis assurée ; elle cache un fond de mélancolie profonde. Je dois avouer que j'ai été prise de pitié pour ce jeune homme atteint de la poitrine.

— Ah ! s'écria l'avocat avec un ton de satisfaction. En effet, des pommettes saillantes...

— La femme est sœur de charité... La poitrine de notre pauvre ami avait reçu trop d'assauts. Les privations d'une vie difficile consacrée à l'art...

— Je ne l'ai jamais vu saisir ses pinceaux, dit Me Thèse.

— Sa main manquant de force fait qu'il conçoit plus qu'il n'exécute; ses railleries contre la société sont dues à cet état maladif. Pour remonter son courage, j'écrivais à l'artiste des lettres que celui qui ne connaît pas la situation de ce malheureux jeune homme trouverait peut-être tendres... Me jugez-vous coupable ?

— Est-ce tout ? demanda l'avocat en pensant que la finance et l'art ayant été admis à grignoter le cœur de la jolie femme, il était le seul du petit cercle qui n'eût pas été invité à la desserte.

Mme Gribeauval comprit cette sensation.

— J'ai eu quelquefois, dit-elle, la pensée de me confier à vous; mais j'étais timide, vous m'imposiez par une physionomie austère.

Derrière les lunettes les yeux de l'avocat s'écarquillèrent aussi tendrement qu'il leur était possible.

— Vos pensées sont si graves que je craignais de les étonner par mes sentiments. L'habitude que vous avez de lire au fond des consciences, les sombres couleurs que vous étalez sur votre palette ne sont pas de celles qui provoquent la confiance de femmes aussi peu réfléchies que moi. Pardonnez-moi, mon cher conseiller, de vous avoir méconnu. Depuis que vous m'écoutez avec bienveillance, je me sens moins gênée. Vous êtes comme un frère affectueux qui montre de l'indulgence pour les fautes de sa sœur... Enfin, si j'étais entrée dans votre cabinet avec des secrets, vos prévenances feraient que je vous les confierais tous.

Le cœur de Me Thèse tressautait délicieusement à ces paroles.

— Maintenant, continua Mme Gribeauval, je comprends les hommes mûrs. Eux seuls peuvent témoigner de quelque indulgence pour les faiblesses des pauvres femmes.

Insensiblement Mme Gribeauval, comme un oiseau cherchant l'aile de sa mère, avait rapproché son fauteuil de celui de l'avocat.

Mᵉ Thèse fermait les yeux, n'osant plus regarder la jolie femme émue dont la voix lui remuait le cœur.

— Adieu, dit tout à coup Mᵐᵉ Gribeauval.

Brusquement elle baissa son voile comme pour cacher une vive émotion.

— Vous partez déjà, chère madame ? fit Mᵉ Thèse.

— Il le faut, dit-elle d'un ton particulier de douce détresse.

Cet *il le faut* eût fait pâlir l'avocat, s'il eût été possible d'ajouter quelque pâleur à la verdeur de son teint.

Il est peu d'hommes qui ne soient flattés de se voir regardés par les femmes comme redoutables. Sans doute, Mᵉ Thèse, en sa qualité de célibataire et de protecteur du sexe faible, n'avait pas été sans goûter certaines bonnes fortunes. Le bandeau symbolique de la statue de la Justice est quelquefois proche parent du bandeau de l'amour ; jamais pourtant l'avocat n'avait ressenti de telles émotions.

Plus douce que celle des sirènes, la voix de Mᵐᵉ Gribeauval remuait tout l'être intérieur, et quelle fine délicatesse recouvraient les moindres gestes de la jeune femme !

Ce jour-là, dans la salle des Pas-Perdus, la poitrine en avant, la tête en arrière, les manches flottant au vent, l'œil moins terne que de coutume, la bouche presque souriante, tout jusqu'au brillant des lunettes elles-mêmes donnèrent à penser à ses confrères que les plis de la robe de l'avocat, son air conquérant, la façon dégagée dont il portait ses dossiers, l'inclinaison de la toque en manière de mauvais sujet annonçaient un état de félicité parfaite.

Quant à Jacquelin, qui le soir faisait une partie de billard avec les clercs, ses collègues :

— Nous avons reçu aujourd'hui une femme, s'écriat-il. Je ne vous dis que ça !

CHAPITRE XI

Troisième consultation relative à un troisième soupirant.

Cependant M. Gribeauval, qui avait pris à cœur les recommandations de l'avocat, était parti pour la Normandie, quoiqu'il se rendît bien compte de la difficulté de semblables recherches.

Le mari y allait d'ailleurs naïvement, posant ses questions sans astuce. Ce n'était pas mince besogne que de découvrir les auberges où Mme Gribeauval avait séjourné, car les arrêtés municipaux qui ordonnent la signature sur les registres des logeurs sont peu suivis. Constater qu'à telle date la jeune femme était accompagnée de quelqu'un, interroger hôteliers, servantes et garçons d'hôtel, on eût dit que M⁰ Thèse avait hérissé les obstacles à plaisir.

C'est pour les aubergistes plus particulièrement qu'il existe diverses morales. La réputation de l'hôtel, morale ; les bénéfices que doit amener cette réputation, autre morale ; la liberté que réclament surtout les voyageurs des deux sexes, nouvelle morale.

Pour l'hôtelier et les gens de sa maison, une chambre à deux lits est toujours affectée à des époux, qu'ils portent ou non le même nom. Et si une porte de communication fermée par un simple verrou sépare deux chambres, la moralité de l'auberge est suffisamment sauvegardée.

M. Gribeauval, empêtré dans ces morales particulières, recueillait difficilement les indices nécessaires à établir un flagrant délit. Il s'en consolait en relisant chaque soir la correspondance de Mme Gribeauval. Seul, au bord de l'Océan, quand il était arrêté dans son instruction, le mari se disait combien ces lettres, quoi qu'en pensât M⁰ Thèse, devaient suffire aux yeux clairvoyants de la justice.

Une de ces lettres, portant un timbre particulier qui lui avait échappé, le frappa particulièrement ; écrite sur un papier mince, elle s'était glissée parmi les autres.

Signée Stanislas, la lettre portait la date de Rio-Janeiro, d'où le jeune pianiste, jadis attaché au Casino d'Étretat, écrivait à Mme Gribeauval pour la remercier de l'envoi d'une boucle de ses cheveux, qu'il ne se lassait pas de couvrir de baisers.

C'était le premier gage que le mari trouvait dans cette correspondance, il en bondit de joie.

Il existe, paraît-il, des hommes décorés de plusieurs ordres qui trouvent de vives jouissances à ajouter une nouvelle croix à leur brochette. M. Gribeauval se frottait les mains d'adjoindre la musique à la finance, la finance à la peinture. C'était comme un ministère complet que le mari trompé formait et dont il rangeait avec soin les portefeuilles.

— Cela me suffit, se dit-il en bouclant sa malle.

Le jour même il quittait la Normandie pour tomber dans le cabinet de Me Thèse.

— Me voilà ! s'écria-t-il d'un ton triomphant.

— C'est affaire à vous, cher Monsieur, de faire une instruction !

— L'instruction est inutile... Je n'en finissais pas avec ces maîtres d'hôtel, qui y apportent de la mauvaise volonté, et je me suis assuré que je n'en tirerais rien...

— Monsieur, fit Me Thèse d'un ton sévère, vous me permettrez de vous dire que mon rôle doit cesser si vous ne suivez pas mes avis... Je réclame de vous une enquête régulière et vous revenez les mains vides...

— Pardonnez...

— Laissez-moi parler, monsieur Gribeauval. Vous m'avez choisi pour conseil, vous devez donc obéir pour que votre entreprise soit couronnée de succès... Elle est épineuse, songez-y... Et vous vous présentez à moi sans nouveaux documents !...

— Au contraire !

— Si vous m'interrompez toujours, nous ne pourrons nous entendre. Puis-je faire moi-même cette instruction ? Non, ma robe me le défend... Donc c'est à vous qu'il appartient de recueillir les matériaux demandés, et je dois vous dire que vous avez entièrement manqué à votre mandat...

— Cependant si...

— Permettez que je continue, reprit Mᵉ Thèse d'un ton impératif : je vous céderai plus tard la parole.

— Tout ce que vous dites...

— Encore ! Savez-vous qu'un président de chambre en présence de telles interruptions vous ferait reconduire hors de l'audience par un huissier ?

L'avocat s'étant levé marchait à grands pas dans son cabinet.

— Vous n'avez pas besoin de conseil, je le vois. Pourquoi ne pas plaider votre cause vous-même ? Sans doute l'art oratoire vous est familier. Prenez ma robe, alors ! Dites, faut-il vous passer ma toge ?

M. Gribeauval frémissait de ne pouvoir se faire entendre.

— Faites attention, Monsieur, à ce qu'offre d'inconvenant votre tenue ! Je suis décidé à ne pas plus tolérer vos gestes dénégateurs que vos interruptions... Où en étais-je ? Vous me faites perdre le fil de mes idées... Ah ! en Normandie ! Quels pays avez-vous pu parcourir en moins d'une huitaine ? Non, votre conduite n'est pas sérieuse... Je vous trace un itinéraire que vous ne suivez pas... Mais c'est de la désertion. Vous abandonnez donc le drapeau de votre cause ?

M. Gribeauval, les mains dans les cheveux, se les tirait avec rage.

— Cessez ces mouvements d'impatience... Grand Dieu ! Quelle tenue offrirez-vous au tribunal quand l'avocat de la partie adverse, vous mettant en jeu, plongera dans votre passé et trouvera peut-être dans votre constitution de ces causes rédhibitoires qui, si elles ne les amnistient pas, pallient les inconséquences d'une femme à la mode..

M. Gribeauval avait ouvert son portefeuille et présentait une lettre à l'avocat.

— Encore ! s'écria M⁶ Thèse... Je vous ai dit ce que je pensais de vos correspondances que je n'ai même pas pris la peine de lire... J'en reviens à ceci : Avez-vous visité les hôtels des bords de l'Océan ?

— Oui, fit M. Gribeauval.

— Attendez que j'aie complété ma question... Produisez donc les dépositions écrites d'hôteliers, de filles de service, de conducteurs de voiture? Dites oui et je vous écoute... Avez-vous fait légaliser la signature de ces gens par le maire de l'endroit? Alors je vous cède la parole... Vous vous taisez, vous agitez un papier...

— Il s'agit de....

— Non, il ne s'agit plus de lettres... Vous aviez emporté cette correspondance, la jugeant inutile au dossier et vous agissiez avec prudence, semblant vous en référer à mes lumières; et aujourd'hui, de grâce ne m'interrompez pas, vous reparaissez avec une lettre que vous agitez d'une façon convulsive... Eh bien, je n'en prendrai pas connaissance.

— Cependant?

— Vous voulez avoir le dernier mot, soit. Parlez maintenant.

M. Gribeauval s'était levé au comble de l'exaspération.

— Non, asseyez-vous... vous manquez de calme... Chacune de vos paroles serait empreinte d'une fièvre nuisible à la gravité de votre cause... Il faut du sang-froid pour exposer logiquement des faits... Souvenez-vous de ceci, monsieur Gribeauval : la meilleure cause ne vaut rien quand elle est exposée sans logique.

Pendant une heure l'avocat tint courbé le plaignant sous le poids de la logique, malgré les gestes de M. Gribeauval qui se souciait bien de logique en ce moment ; mais l'avocat, arpentant son cabinet, continuait à vanter l'importance de cette partie de l'art oratoire, comme s'il eût prononcé un discours en Sorbonne.

— Assez de logique! s'écria M. Gribeauval cramoisi.

M⁶ Thèse s'arrêta étonné du ton de son client.

— M'écouterez-vous enfin? reprit M. Gribeauval en se redressant vis-à-vis de l'avocat qui recula effrayé.

Agitant la lettre d'un mouvement fébrile :

— Quand vous aurez pris connaissance de ceci, dit M. Gribeauval, il sera temps de parler logique.

L'avocat tendit la main et ouvrit la bouche.

— A votre tour de m'écouter, s'écria M. Gribeauval au comble de l'irritation. Puisque vous ne jugez pas à propos de lire les correspondances que je vous communique, vous entendrez la lecture de cette lettre. Ecoutez-moi !

Et M. Gribeauval s'emparant du bras de l'avocat le força de s'asseoir.

— Avez-vous assez parlé pour ne rien dire ! fit le mari courroucé.

M⁶ Thèse commençait à s'émouvoir de l'attitude de ce client révolté qui poussait l'audace jusqu'à le rudoyer dans son propre cabinet. Ils en imposent fortement les gens calmes poussés à l'exaspération. M. Gribeauval offrait habituellement une physionomie placide ; mais en ce moment le violacé de son teint prouvait qu'il se passait à l'intérieur de cet homme calme des combats, et l'avocat craignait l'éclat de ces violences se manifestant si ostensiblement à l'extérieur.

Assis dans son fauteuil, M° Thèse jugea prudent de ronger son frein.

Alors d'une voix fiévreuse M. Gribeauval lut la lettre du pianiste qui, loin de la France, se consolait en pensant aux marques de tendresse que lui avait prodiguées la jeune femme pendant son séjour au château de Monestrol. Cette lettre offrait pourtant traces de jalousie ; Stanislas n'était pas sans se plaindre d'autres soupirants. Toutefois la boucle de cheveux que lui avait envoyée Mme Gribeauval prouvait qu'elle voulait rappeler à l'artiste de doux moments, et Stanislas espérait retrouver à son retour de Rio-Janeiro un cœur plein d'affections.

— Eh bien? s'écria M. Gribeauval.

M° Thèse, affaissé dans son fauteuil, ne répondait pas.

— Croyez-vous qu'une telle lettre ne vaille pas mieux qu'une déclaration d'aubergiste ? Ai-je besoin de faire parapher cette preuve par le maire de Rio-Janeiro ? Invoquerez-vous encore la logique ?

L'avocat releva la tête, et, soucieux :

— En effet, dit-il, cette lettre est mauvaise...

— Pour Mme Gribeauval, mais bonne pour moi.

— C'est ma pensée, dit M° Thèse d'un air rêveur.

— Vous ne paraissez pas enchanté de ce document ?

— Pardonnez-moi.

— Admettez-vous maintenant que Mme Gribeauval soit une fieffée coquette ?

L'avocat secouait la tête.

— Me tromper avec ce bambin ! s'écriait le mari. C'est de la démoralisation !

— Je comprends votre indignation, dit l'avocat avec un ton de mélancolie.

— Maintenant, croyez-vous que je gagnerai ?

— Sur tous les points, dit Me Thèse.

— Il faudra montrer l'abîme dans lequel était tombée la malheureuse.

— Bien profond, en effet ! s'écria l'avocat.

CHAPITRE XII

Mᵉ Thèse oublie la gravité de son ministère.

Quand Mᵐᵉ Gribeauval revint quelques jours plus tard, l'avocat, d'un geste, fit signe à sa cliente de s'asseoir dans un fauteuil séparé du sien par le bureau. Mᵉ Thèse était poli, mais froid.

— J'ai reçu une assignation, dit la jeune femme.

— Vous deviez vous y attendre, Madame.

— Ne vous semble-t-il pas que M. Gribeauval aille vite en besogne ?

— Il est irrité, Madame.

— Vous l'avez vu ?

— Oui, fit l'avocat.

— Mais vraiment, mon cher défenseur, je vous trouve une apparence contrainte... On croirait que vous faites cause commune avec M. Gribeauval... Vous m'intimidez, j'ose à peine parler.

M⁰ Thèse, la tête dans ses mains, écoutait.

— Voulez-vous bien vite quitter cette attitude de confesseur.

L'avocat n'ayant pas changé de position :

— Allons! fit Mme Gribeauval, en prenant de sa main gantée la main qui faisait abat-jour sur les pensées de son conseil.

— Vous n'êtes pas indisposé, n'est-ce pas? Je m'installerai auprès de vous comme garde... Si vous avez des chagrins, ne craignez pas de me les confier ; je sais depuis mon mariage ce que sont les chagrins.

En parlant ainsi, Mme Gribeauval avait pris une chaise basse et se tenait aux côtés de l'avocat.

— Regardez-moi dans les deux yeux, fit-elle. Vous me cachez quelque chose.

— En effet, dit M⁰ Thèse, je suis soucieux.

— Dites... que je fasse disparaître les plis de ce front. qu'il me plairait de rendre inaltérable.

— J'ai des soucis pour vous.

— Pour moi? Vous jugez ma cause mauvaise... Parlez, je suis courageuse.

— Vous ne me témoignez pas assez de confiance.

— Moi! s'écria madame Gribeauval; moi, qui ai rassemblé tous mes souvenirs depuis notre dernière entrevue pour que vous n'ignoriez rien, rien de ma vie, rien de mes sentiments les plus intimes, rien de l'état de mon cœur... Ce que vous dites est mal, mon ami, car vous êtes mon ami...

Ces paroles furent prononcées d'un ton si pénétrant que l'avocat sentit le timbre de cette voix féminine s'infiltrer en lui comme une boisson délicieuse.

— Avez-vous pu croire, mon ami, que je voulais vous cacher quelque chose? Ne serait-ce pas aller contre mes propres intérêts? Vous au tribunal, c'est moi rehaussée de votre prestigieuse éloquence. Sans doute j'ai commis quelques imprudences, mais vous les atténuerez par votre parole si pleine de tact. Avouez que vous avez prêté l'oreille au serpent?

L'avocat ne put retenir un sourire.

— Maintenant que mon ami fait meilleure figure, qu'il parle, je l'écoute.

Comme Me Thèse hésitait:

— Ne craignez rien, dit Mme Gribeauval.

Alors l'avocat fit part à la jeune femme de la découverte de la lettre du pianiste qu'avait faite son mari, et du parti qu'il comptait tirer de l'aveu de semblables tendresses.

— Pouvais-je empêcher ce jeune Stanislas de s'éprendre follement de moi? s'écria Mme Gribeauval. Dites, vous qui l'avez vu, le pouvais-je? Son cœur si tendre, je craignais de le briser en repoussant trop durement ses hommages... Ah! si les hommes pouvaient se mettre à la place des femmes, ils ne les jugeraient pas avec tant de rigueur! Notre rôle n'est-il pas tout de dévouement? Le monde interprète malignement ces affections, tant pis pour le monde... Mais je ne pouvais laisser ce jeune homme partir au delà des mers sans lui laisser un espoir au cœur... Il avait à courir de réels dangers, il voulait un gage pour lui servir de talisman... Il me le demandait en vers passionnés; j'ai sa lettre, car moi aussi je produirai ma correspondance. L'auriez-vous refusé, vous, homme dont le cœur a des palpitations plus froides?... Voyons, vous êtes prudent, de bon conseil et affectueux pour moi... Si j'étais venue vous donner lecture des poésies déchirantes de ce jeune homme, vous m'auriez conseillé d'agir ainsi que je l'ai fait... Stanislas partait pour Rio-Janeiro, pauvre, allant chercher dans des contrées lointaines la fortune et la réputation, si longues à acquérir en France... Reverrais-je jamais ce jeune artiste? Les mers nous séparent, et avec la mer des dangers de toute sorte. A peine, au départ, le cœur de Stanislas balbutiait-il. Il va s'épanouir là-bas, bien loin de moi, pensais-je, car je n'ai pas d'illusions. Pour tout souvenir, pour tout espoir, je lui ai envoyé une boucle de mes cheveux... Si vous croyez que je m'en repends, non ! Aujourd'hui encore, je n'hésiterais pas à donner un si faible témoignage à un ami qui partirait...

— Vous venez de faire entendre des accents de vérité qu'on n'oublie pas, dit Mᵣ Thèse en prenant les mains de Mᵐᵉ Gribeauval. Mon plaidoyer est fait. Votre cause est sainte.

— Oh ! merci ! fit la jeune femme.

Une ombre passa sur les traits de l'avocat.

— Mais, dit-il avec astuce, comment me dégagerai-je d'avec votre mari ?

Alors il avoua qu'il avait accepté la cause de M. Gribeauval.

— Au début, vous ne veniez pas, dit Mᵉ Thèse. J'ai eu la faiblesse d'écouter votre adversaire. Quand vous m'avez fait vos premières confidences, j'ai essayé de me dégager ; mais cette lettre du pianiste, le mystère que vous m'en faisiez ; et, dois-je vous l'avouer, le dépit, la...

L'avocat s'arrêta tout à coup.

— Parlez, mon ami.

— Je ne sais comment traduire ma pensée.

— Expliquez-vous.

— Si vous saviez combien il m'en coûte....

L'avocat baissait la tête. S'approchant de lui, Mᵐᵉ Gribeauval doucement murmura :

— Dites à votre amie... Elle peut tout entendre.

— Eh bien ! j'étais... Ah !

M⁰ Thèse fermait les yeux.

— Moi aussi, j'étais jaloux de ce pianiste.

Sans répondre, Mme Gribeauval recula son fauteuil.

— N'avais-je pas raison, dit l'avocat, de vous cacher ce secret ?

Un silence profond succéda à l'aveu de M⁰ Thèse.

— Je ne m'attendais pas à cette parole, fit Mme Gribeauval... Je ne dirai pas : Pour qui me prenez-vous ? Les hommes croient pouvoir abuser de telles libertés avec toutes les femmes... Pourtant, vous manquez de confiance en moi... Et cela, parce qu'un mari qui ne comprend pas les délicatesses d'une épouse est venu dans votre cabinet l'accuser d'avoir manqué à ses devoirs conjugaux... Ma position est fausse, je le sais... Sans protecteur dans le monde, je crois en avoir trouvé un dans l'homme au-dessus des préjugés qui cherche la vérité et la rehausse par ses accents... Et si je ne vous arrêtais dès le premier mot, quelles étranges paroles me feriez-vous entendre ?

— Ah ! madame, s'écria l'avocat.

— Ce mot imprudent que vous avez laissé échapper me fait comprendre le danger de ma situation... Je viens à vous pleine de confiance ; vous me rappelez que j'aurais dû amener ma mère avec moi...

Mme Gribeauval baissa son voile.

— Adieu, monsieur, dit-elle.

— Je vous en prie, écoutez-moi, s'écriait M⁰ Thèse.

Mais déjà Mme Gribeauval était sortie, laissant l'avocat sous le coup d'un trouble profond. Il avait froissé les sentiments d'une femme qui venait lui demander conseil dans une circonstance difficile. Il s'était permis des hardiesses qu'en effet la situation actuelle de sa cliente devait réprimer. Était-ce un motif suffisant que les inconséquences passées de la jeune femme pour l'entraîner dans de nouvelles coquetteries ?

L'avocat évoqua alors la figure de la charmante créature qui, entrée amicalement dans son cabinet, en sortait courroucée par l'effet d'un aveu audacieux. Mme Gribeauval avait été légère pendant son mariage ; mais le drame judiciaire dans lequel elle était appelée à remplir le principal rôle ne l'avait-il pas corrigée ? C'étaient, il n'y avait pas à en douter, des coquetteries tout à la surface, dont la jeune femme se repentait à cette heure, et M⁰ Thèse était plein d'admiration pour la réserve qu'une cliente, qui maintenant, libre de ses actions, ne souffrait pas qu'un mot galant froissât son oreille.

Aussi quand M. Gribeauval vint s'enquérir de la forme définitive qu'il convenait de donner à son accusation, fut-il reçu de haut par M⁰ Thèse, se portant garant de la vertu de la jeune femme.

Le mari se laissait aller à d'acerbes accusations contre Mme Gribeauval.

— Je vous arrête, monsieur, dit l'avocat. Il m'est impossible d'entendre parler ainsi, même d'un adversaire, Ces paroles ne sont pas dignes de Mme Gribeauval, elles sont indignes de vous.

— Cependant j'ai à faire valoir de nombreux chefs d'accusation.

— Aucun.

— Est-ce ainsi. Monsieur, que vous entendez plaider pour moi?

— L'examen des dossiers me force à vous déclarer que je ne vois pas pour vous matière à gain de cause.

— Quoi, je perdrai !

— L'affaire est mauvaise.

— L'autre jour vous la trouviez excellente.

— Je n'avais pas suffisamment étudié les faits...

— Ainsi vous refusez de me défendre ?

Me Thèse ne répondit pas.

— Je trouverai d'autres défenseurs...

— Qui, ne rêvant que procès, acceptent toute cause quelle qu'elle soit...

— Je vous jure que le tribunal ne la jugera pas quelle qu'elle soit.

— Hypothèse, cher monsieur... La colère vous égare. Réfléchissez...

— C'est tout réfléchi. Je veux plaider, je plaiderai.

— Comme il vous plaira, mais je ne puis vous prêter l'appui de mon ministère.

— Savez-vous que Monestrol, non content de me tromper, m'enlève près de cent mille francs?

— Eh bien?

— C'est cent mille francs que Mme Gribeauval me fait perdre. Par elle j'ai connu ce maudit agent de change, par elle j'ai été attiré dans son château; je suis donc dépouillé par elle.

— Vos malheurs d'argent, monsieur, fit l'avocat, j'y compatis comme à ceux d'un homme que j'ai rencontré dans la vie; mais ces pertes matérielles ne sauraient rien changer à ma détermination.

Ayant reconduit à la porte de son cabinet M. Gribeauval, qui tout en récriminant ne comprenait pas la conduite de son conseil :

— Ma détermination est inébranlable, dit Me Thèse en fermant la porte.

CHAPITRE XIII

Grand défilé d'avocats et plaidoiries intéressantes.

A peine le mari était-il sorti que l'avocat envoya à Mme Gribeauval le billet suivant :

« Madame,

« Un détail particulier relatif à votre procès vient de
« m'être révélé. Il me paraît d'une telle importance que
« je vous prie de vouloir bien passer demain dans mon
« cabinet. Veuillez, madame, recevoir les marques de mon
« extrême considération. »

M⁣ᶜ Thèse se contint pour ne pas sortir d'une réserve polie, et la nuit il la passa avec anxiété, se demandant si la femme qu'il avait blessée répondrait à son appel.

Le lendemain Mme Gribeauval entra, le sourire sur les lèvres.

— Cher monsieur, dit-elle, que se passe-t-il de si grave?

En parlant ainsi elle rejeta sa voilette en arrière, et l'avocat se crut transporté au septième ciel.

Mme Gribeauval était habillée d'une robe de taffetas décolletée; une gaze à jours espacés découvrait d'admirables épaules qui paraissaient plus blanches encore; la poitrine était rehaussée par des bandes de velours noir que mentalement Me Thèse compara à des grillages derrière lesquels se tenait une belle prisonnière.

Chose bizarre! la jolie cliente ne paraissait pas avoir conservé le souvenir des événements qui avaient décidé de sa sortie; elle reparaissait souriante avec tout l'éclat de ses charmes.

La leçon était donnée, le professeur redevenait avenant.

M⁣ᶜ Thèse voulait surtout interroger la jeune femme sur la fuite et la faillite de Monestrol; questions auxquelles Mme Gribeauval ne put répondre. Son mari, qui avait placé des fonds chez l'agent de change, subissait avec d'autres clients le contre-coup d'une débâcle financière;

mais la jeune femme ne s'était jamais préoccupée de ces placements et était étrangère à la question d'argent.

Cependant il y avait dans ce procès en séparation un point noir. M. Gribeauval avait fait donation à sa femme en l'épousant d'une maison estimée cent mille francs. Il fallait prouver au tribunal qu'il n'y avait pas adultère ; il fallait que la demande en séparation de corps et de biens ne fût pas admise, car la révocation de la donation étant prononcée, à la suite Mme Gribeauval se trouverait sans fortune, obligée de vivre de nouveau près de sa mère.

Ceci était particulièrement grave. Diverses séances eurent lieu à ce propos dans le cabinet de Me Thèse, et l'avocat se sentait de plus en plus sous le charme d'une enchanteresse qui chaque jour déployait de nouvelles séductions ; mais Me Thèse, qu'une première leçon avait rendu timide, n'osait plus se brûler à la flamme des yeux de Mme Gribeauval.

Assis devant son bureau, entouré de dossiers comme d'ouvrages fortifiés, l'avocat, en écoutant sa cliente, essayait d'oublier qu'elle était femme. Les séances commençaient froides et tout entières devaient être consacrées à l'affaire. Mais comment Me Thèse pouvait-il ne pas regarder Mme Gribeauval ? Comment échapper aux séductions d'une mise élégante ? Il eût fallut fermer les yeux, se boucher les oreilles.

L'avocat le fit entendre un jour à sa cliente avec

réserve, lui demandant un mémoire sur les principaux faits de son mariage pour les méditer à loisir.

Demander un mémoire à une jolie femme !

Mᵉ Thèse reçut le lendemain huit pages qui lui firent tressaillir le cœur; ces pages, il les lut et les relut, les plaça sous son oreiller, comme si le parfum devait traverser son sommeil et le rendre plus transparent ; mais un mémoire plein d'agréables caquetages ne peut servir à un procès. Mᵉ Thèse, obligé de recevoir de nouveau Mᵐᵉ Gribeauval, courut de nouveaux dangers.

Plus l'avocat se montrait réservé, plus la jeune femme se mettait en frais d'amabilités. Comme les amazones qui fouettent le cheval qui leur résiste, à peine a-t-il obéi, elles leur caressent le poitrail. Mᵉ Thèse était récompensé du droit chemin qu'il suivait actuellement; mais il se retranchait derrière un flegme de commande, n'osant plus faire un pas, quoique encouragé par la coquette.

L'avocat fut un jour engagé à dîner à la campagne chez Mᵐᵉ de Convenance. Le curé du village assistait au repas, et il fut fortement question de l'affaire Gribeauval. Mᵉ Thèse recueillit quelques excellentes calomnies de la belle-mère contre son gendre, car elles sont particulièrement terribles les vieilles dames qui ne sympathisent pas avec les maris de leurs filles, et ces attaques sont de celles qui se logent dans l'oreille d'un avocat. Pour le curé, il goûtait à tous les plats sans s'inquiéter de ces griefs matrimoniaux. Il était invité spécialement pour faire le *grabuge* de Mme de Convenance, et, aussitôt le couvert enlevé, la partie s'organisa entre le curé et sa paroissienne.

Mme Gribeauval tendit son bras à Me Thèse pour faire avant la nuit un tour de promenade dans le jardin. Ce fut une promenade délicieuse !

La rivière longe les murs d'une terrasse du jardin disposée en charmille. Un demi-jour discret régnait sous l'épaisseur de la charmille. De douces langueurs semblaient apportées par la brise ; les oiseaux, avant de regagner leur nid, s'appelaient au loin ; le barrage de la rivière faisait entendre un frais murmure.

Dans le jardin, Me Thèse avait répondu aux paroles de sa cliente ; il se tut sous la charmille, quoique le silence lui parût dangereux. L'avocat ému cherchait à se donner le change à lui-même, s'efforçant de croire qu'il subissait l'influence de la nature au coucher du soleil ; la vérité est que le bras de Delphine s'appuyant sur sa poitrine le brûlait, qu'il n'osait plus parler, craignant de dire *Delphine* au lieu de *madame*, qu'il faisait de vifs efforts pour ne pas presser la jeune femme contre son cœur, que sa tête était en feu, et qu'il était près de tomber aux genoux de sa cliente.

Mme Gribeauval parlait à peine ; si elle faisait entendre une parole, c'était comme un murmure de colombe. En ce moment tout favorisait Mᵉ Thèse, tout l'engageait à favoriser l'élan de son cœur : le silence, la nuit, l'onde murmurante. Il semblait même à l'avocat que le bras de Mᵐᵉ Gribeauval pressait sa poitrine comme pour en exprimer les révélations enfouies ; mais le cœur de Mᵉ Thèse se blottissait, tremblant et timide, craignant encore une fois d'être martyrisé.

— Vous ne dites rien ? fit Mᵐᵉ Gribeauval en quittant la dangereuse charmille.

— N'avez-vous pas entendu, Madame, qu'intérieurement je vous défendais ?

Cette soirée à la campagne apporta en effet quelques effets oratoires favorables à Mᵐᵉ Gribeauval ; quoique la réserve que s'imposait l'avocat laissât une ombre mystérieuse planer sur la cause. Aussi, quand arriva le jour de l'audience, Mᵉ Thèse, armé de toutes pièces, entra dans la salle d'audience comme un chevalier qui, paré des couleurs de sa dame, et la voyant dans l'enceinte, se prépare à triompher pour elle ou à mourir.

L'avocat s'était placé à son banc ; Mᵐᵉ Gribeauval s'assit derrière lui, vêtue de noir, avec une simple fleur dans les cheveux ; une gaze semée de pois, qui entourait ses bras et montait jusqu'au col, était assez épaisse et assez transparente pour dévoiler des beautés et les cacher à la fois. D'un chapeau de velours tombait une voilette qui, s'arrêtant aux lèvres, en faisait ressortir la couleur d'œillet et rendait plus purs encore le menton et le cou, d'une blancheur éblouissante.

Le public qui se pressait dans la salle d'audience était surtout composé d'avocats et de jeunes stagiaires, curieux d'assister à des débats où était mêlée une jolie femme. Aussi se produisait-il un mouvement marqué du côté de M⁰ Thèse. Toutes les robes noires s'avançaient en apparence pour rendre hommage à l'avocat, en réalité pour examiner de près une cliente dont les voiles provoquaient la curiosité.

Vers M⁰ Thèse se pressaient jeunes et vieux confrères : les uns écarquillant les yeux, les autres nettoyant les verres de leur pince-nez, ceux-ci se campant devant la tribune de l'avocat pour faire admirer leurs formes, ceux-là posant leur toque en séducteur sur le coin de l'oreille.

On distinguait des avocats bellâtres, frisés et pommadés ; d'autres les cheveux en désordre comme par le bouillonnement d'une éloquence intérieure ; certains avec des barbes athéniennes trempées chaque matin dans les eaux parfumées de Lubin ; d'autres portant des barbes démocratiques horriblement hérissées.

Quelques-uns faisaient les yeux doux, quelques autres des yeux vifs ; la plupart jouaient avec M⁰ Thèse la familiarité, la camaraderie, la supériorité, le sans-gêne, pour obtenir un regard de la charmante inculpée. Derrière le principal groupe se remarquaient des avocats honteux et comme embarrassés dans leurs robes. Il y en avait de petits qui se dressaient sur l'extrême pointe de leurs escarpins; d'autres longs comme des peupliers qui, en saluant Mᵉ Thèse, semblaient passer par-dessus sa tête pour se pencher vers la cliente voilée. Si de vilains avocats crottés se faisaient remarquer par leurs ongles noirs, certains portaient des bagues triomphantes aux doigts terminés par des ongles taillés en amande. D'amples robes flottaient comme gonflées de vent, d'autres étaient misérables et étriquées; celles-ci brillaient comme du jais, celles-là verdâtres et limées par l'usage, semblaient des vêtements de croque-mort.

Dans les paroles qui s'adressaient à Mᵉ Thèse, quelques-unes appartenaient à des registres de basse comme d'autres à la chapelle Sixtine, et si des voix de taureau se faisaient entendre, on distinguait également des cris de perroquet.

Enfin Mᵐᵉ Gribeauval assista à un comique défilé d'avocats qui, tous, essayant de se faire une trouée pour serrer la main de Mᵉ Thèse, s'efforçaient de se faire valoir par leur organe, leurs gestes, leur majesté et leur toque.

Du côté de Mᵉ Séverin, défenseur de M. Gribeauval, la presse était minime. Le plaignant n'offrait pas le même intérêt; il était le mari, d'apparences peu sympathiques;

d'ailleurs, la présence d'un adversaire tel que Mᵉ Thèse qu'il avait cru son ami jusque-là, les plaintes qu'il avait versées dans son sein, préoccupaient extraordinairement M. Gribeauval et ajoutaient à sa physionomie diverses teintes soucieuses qui ne prévenaient pas en sa faveur.

Mᵉ Thèse, avait d'extrêmes avantages en pareille matière.

Doué de peu d'invention et l'ayant constaté lui-même, l'avocat s'était attaché principalement à ce qu'on appelle au palais *l'art de bien dire*, qui est souvent l'art de ne rien dire. Du côté de l'art de bien dire, Mᵉ Thèse était irréprochable; en parfait rhéteur, il cultivait soigneusement le jardin où germent les fleurs de rhétorique. Chacune de ses phrases il la pesait pour arriver au *nombre*: Mᵉ Thèse plaidait en *rond*, c'est-à-dire que chacune de ses périodes formait une sorte de cercle et qu'il y avait plaisir à écouter sa parole et à suivre ce cercle, quoiqu'il n'y eût le plus souvent rien au centre ; mais la pureté en était remarquable comme celle des déliés d'un maître d'écriture.

Quant à Mᵉ Séverin, surnommé le *flambeau de la Picardie*, arrivé à Paris par la députation, à l'âge mûr, il avait conservé des habitudes oratoires provinciales dont se raillait la jeune basoche. Doué d'un sens droit, Mᵉ Séverin, bourgeois, raisonneur, croyant à sa cause toutefois, était lourd, pesant, long à entrer dans le cœur du sujet et fatigant au début; cependant, une fois lancé dans la plaidoirie, le flambeau de la Picardie pouvait attacher ceux des auditeurs qui étaient assez patients pour le suivre dans ses développements.

C'était donc une lutte oratoire qu'attendaient les jeunes avocats. Pour Jacquelin, n'admettant pas que Me Thèse pût perdre une cause, il disait à ses camarades :

— Vous allez voir comment mon patron va *tomber* le flambeau de la Picardie.

Les juges étant monté sur leurs siéges, Me Séverin se leva le premier, en sa qualité de demandeur, salua la cour de sa toque, et, se tournant vers le public, attendit que le calme régnât dans l'auditoire.

— Je parie, dit Jacquelin, qu'il va parler de sa province.

— Messieurs, fit Me Séverin, dans nos provinces...

— Qu'est-ce que je disais? fit Jacquelin goguenardant avec ses camarades.

Me Séverin lança un coup d'œil significatif aux clercs interrupteurs.

— Dans nos provinces, reprit-il, quand se présente une affaire de cette nature, et quoique le cas soit rare, il est des tribunaux qui réclament le huis clos.

Un murmure désapprobateur parcourut la salle.

— Ne craignez pas, messieurs de la cour, que j'invoque votre pouvoir discrétionnaire pour le procès actuel...

J'entends surtout que la province aux mœurs patriarcales craint de livrer à la publicité l'exemple scandaleux d'une épouse qui trompe un honnête homme, car la publicité a son danger. N'en est-il pas d'une union brisée comme de cette guérite dans laquelle un soldat ayant été trouvé pendu, d'autres militaires poussés par l'exemple se donnèrent également la mort dans la même guérite, pendant la quinzaine qui suivit? La province, Messieurs, craint la désastreuse influence des séparations dans les ménages; elle les voile par le huis clos, comme ce fils de l'antiquité jetait un manteau sur son père étendu sur le gazon en proie aux fumées du vin... Paris n'a pas la même pudeur, je le constate en le regrettant; au contraire, l'honnête homme qui plaide contre une coquette devient presque ridicule. On le trouve bizarre de se préoccuper de si minces détails; on l'imprime tout vif dans les journaux, et c'est dans le cas actuel, Messieurs, que je veux vous montrer la différence qui sépare Paris de la province, et combien Paris, qui plaisante de ces scandales, propage le mal en lui enlevant son caractère de gravité... Messieurs, qu'il me soit permis de vous faire toucher du doigt la plaie dont j'apporte ici la preuve.

M⁰ Séverin ouvrit alors un énorme volume in-quarto, qui déjà montrait que le mal devait être considérable, à en juger par l'épaisseur des preuves.

— Ceci, Messieurs, dit-il, est une statistique de l'adultère due à un de nos plus éminents membres de l'Académie des sciences morales.

L'avocat feuilleta le gros volume.

— Sur dix-huit cents pages consacrées à l'adultère et ses conséquences, dix-sept cents concernent Paris. Dix-sept cents pages pour Paris, n'est-ce pas effrayant ? Chaque page contenant une moyenne de vingt adultères, nous arrivons par la multiplication au chiffre accablant de trente-quatre mille séparations invoquées devant les tribunaux.

— Ennuie tes juges, mon bonhomme, fit Jacquelin se frottant les mains d'un tel début.

— J'attribue ce chiffre exorbitant à la publicité, continua l'avocat ; car la province, qui dans son ensemble renferme un nombre bien plus considérable de ménages que Paris, fournit à peine un dix-septième des délits si fréquents dans la nouvelle Babylone.

Quelques juges s'agitaient sur leurs fauteuils comme des chats qui, avant de s'accroupir sur un coussin, le piétinent pour s'y faire un trou convenable.

— Un mot encore sur ce sujet, dit M⁰ Séverin, et j'en aurai terminé avec le volume.

— Il dit qu'il a fini, il va recommencer, souffla Jacquelin à l'oreille de son voisin.

En effet, M⁰ Séverin, s'arrêtant avec complaisance à chaque page du volume, groupait des montagnes de chiffres sans entrer dans la cause, car son éloquence n'était pas sans rapport avec les lourds et gothiques carrosses traînés par de maigres haridelles à qui il faut le fouet et les jurons pour se mettre en route.

M⁕ Séverin avait besoin de s'échauffer au moins une heure avec sa propre parole avant d'arriver au cœur de son sujet, et cette heure paraissait singulièrement longue, l'orateur manquant d'esprit et de brillant.

— Mon adversaire, continua-t-il, quoique admettant l'importance de cette statistique, se dit : Si tels sont les arguments invoqués contre moi, je sortirai triomphant sans peine de ce procès. Mon adversaire se trompe, Messieurs. Il se couvre la figure d'un voile épais... En ceci vous avez raison, épouse Gribeauval, car, l'an prochain, quand l'éminent membre de l'Académie des sciences morales aura ajouté votre nom à ceux qui figurent dans ces documents, votre voile aura besoin d'être épaissi encore pour cacher à vos concitoyens votre honte rendue publique... Vous cultivez la science immorale, l'Académie des sciences morales vous prouvera qu'on ne se joue pas ainsi du plus sacré des devoirs.

Alors M⁕ Séverin évoqua l'image de Messaline, et pendant deux heures il tint le président du tribunal en éveil, sauf deux conseillers qui avaient réussi à se pelotonner convenablement.

Ce que l'avocat accumula de paroles, de redites, de souvenirs d'histoire ancienne, fut considérable, et la comparaison qu'en fit plus tard M⁰ Thèse, disant que cette éloquence ressemblait à de sourds roulements de tonnerre d'où ne se dégageait pas la foudre, fut trouvée d'une certaine justesse.

Après cinq minutes d'interruption, M⁰ Thèse se leva.

— Messieurs! s'écria-t-il d'une voix singulièrement perçante.

Les juges accroupis dans leur fauteuil ouvrirent un œil, puis deux, s'étant assurés que M⁰ Séverin avait fini de parler et qu'un maître plus habile commençait ses péroraisons.

— J'ai pour mission, dit M⁰ Thèse, de défendre une cliente que ses charmes, sa grâce et sa beauté mettent seuls en cause. En effet, nous voyons rarement un jeune homme et une jeune femme fatiguer les tribunaux de leurs plaintes. Pourquoi? C'est qu'il n'existe pas de jalousie entre deux jeunes gens et que cette jalousie d'une nature particulière, j'ai été souvent à même de le constater, prend facilement racine chez l'homme qui, ayant dépassé la cinquantaine, commet la faute de s'éprendre d'une jeune fille. Ne souriez pas, M⁰ Séverin; quoique vous ne trouviez pas ce genre de jalousie inscrit dans votre statistique, elle existe... M. Gribeauval devint le premier jour jaloux comme le ver qui laisse des traces mucilagineuses sur le fruit qu'il s'apprête à détruire.

Mᵐᵉ Gribeauval alors releva son voile. Quant au mari, choqué de cette basse comparaison qui l'atteignait, il eût volontiers en ce moment accepté d'être, ver de terre pour s'y cacher.

— Pas d'équivoques, Messieurs, fit Mᵉ Thèse. Nous avons fait de vifs efforts pour éviter un scandale; on l'a voulu, il n'est plus temps d'y remédier. Vous condamnez votre jeune femme à s'asseoir sur la sellette, c'est à vous d'y prendre place, monsieur Gribeauval. Tant pis, si vous vous y salissez... D'abord vous avez violé les lois de la nature en épousant une jeune fille dont vous pouviez être le père... Cela est-il inscrit dans la statistique de celui que mon adversaire appelle l'éminent membre de l'Académie des sciences morales? Si un détail de cette importance est omis, l'académicien, j'en suis fâché, court le risque de n'être pas éminent... M. Gribeauval pouvait donc par son âge être le père de sa femme. Oh! renversement des lois naturelles! Une jeune femme respecte son père, elle n'en chérit pas deux... Vous êtes un époux ou vous ne l'êtes pas... Épousiez-vous comme père ou comme mari? Non, vous vous êtes marié comme père, avec l'illusion que le mariage enlèverait vos rhumatismes. Je suis fâché, Monsieur, de déboutonner votre flanelle; mais vous avez des rhumatismes... Je le prouve par la lettre n° 2 du dossier

B, lettre par laquelle vous priez votre ami Monestrol de vous rapporter pour la campagne, *primo* un gilet bien chaud avec manches, *secundo* un caleçon de laine épaisse, *tertio* des genouillères, *quarto* un plastron ouaté pour la poitrine, *quinto* une bande d'un mètre vingt centimètres pour entretenir la chaleur de votre abdomen. Nous reviendrons plus tard à cette correspondance... Vous êtes donc un rhumatisant, monsieur Gribeauval, un époux jamais! Voilà pourquoi le serpent de la jalousie a dressé si vite sa tête, et a essayé de salir de son venin ma cliente, elle qui heureusement n'avait pas besoin de flanelle. La jolie Mme Gribeauval remplissait son rôle dans la société, se montrant avenante pour tous, un crime pour vous. Vous souhaitiez en secret une femme revêche, anguleuse, désagréable, une femme à votre image... Était-ce possible! Il est des fleurs, Messieurs, flatteuses pour l'odorat et la vue, si attirantes et si charmantes que chacun, passant près de l'endroit où elles sont plantées, ne peut s'empêcher de s'écrier : la belle fleur! La femme est une fleur. Elle parle et chacun s'écrie : la jolie femme! Eh bien, non, on n'est pas coupable pour entendre murmurer à son côté : la jolie femme! Non, parce qu'on excite l'admiration, on n'est pas tenu de voiler l'incarnat de ses joues; non, toutes les fleurs n'entrent pas dans l'herbier de l'Académie des sciences morales ; non, toutes ne doivent pas être maculées et flétries entre les pages de ce lourd volume, et ma cliente sortira de cette enceinte fraîche et pure, comme elle y est entrée.

— Excellent, fameux ! souffla à son patron Jacquelin, qui s'était glissé derrière le banc de la défense.

— Messieurs, continua M⁰ Thèse, on reproche à la jeune femme d'avoir compromis l'honneur conjugal... Voyons ce que M. Gribeauval appelle l'honneur conjugal. Un agent de change, M. Monestrol, pendant une saison d'eaux, s'était lié avec les Gribeauval. Je dis *les*, remarquez-le, c'est-à-dire le mari et la femme. Les relations de cette nature sont fréquentes dans les lieux de plaisir, et quand les gens semblent de bonne compagnie, de telles relations continuent à la ville. Il en est arrivé ainsi. Les Gribeauval sont allés à la campagne de M. Monestrol, chez qui on chassait, on jouait la comédie, on dansait. C'est à cette époque, c'est-à-dire vers la fin de l'automne, qu'apparaissent les nombreuses flanelles du plaignant. La jalousie ne semble pas encore dessinée ; car, dans le principe, il eût été facile d'enlever la jeune femme à de prétendues séductions ; il suffisait que M. Gribeauval n'acceptât pas l'invitation pour l'Isle-Adam... La saison se passe en réjouissances de toute nature. M. Gribeauval n'est pas jaloux. On revient à Paris ; la même société se retrouve. M. Gribeauval ne témoigne aucun signe de jalousie... Tout à coup elle éclate. Monestrol a fait faillite ; il disparaît en emportant cent mille francs à M. Gribeauval... A partir de ce désastre se dessine la jalousie qui nous amène ici... Eh bien! Messieurs, vous l'avouerais-je? je suis honteux de scruter l'âme de ce mari dans ses replis tortueux. Tant que mon adversaire touche des dividendes de Monestrol, il n'est pas jaloux. La débâcle arrive et avec elle l'accusation qui amène ici une pauvre femme condamnée à payer la perte des cent mille francs !... N'est-ce pas là un signe des temps? Voilà où nous conduit le funeste enseignement de ces hommes flétris si éloquemment par un magistrat sous le titre de *manieurs d'argent*. Vous appelez ma cliente Messaline ; comment vous appellerai-je, Gribeauval-Harpagon? J'admets un instant, Messieurs, que ma cliente ait été conduite par la nature à imiter le triste exemple de Messaline. Alors, vous, mari, vous partagiez le prix de monstrueux trafics ; car, puisque vous fermez les yeux sur les débauches de votre épouse tant que Monestrol est dans l'opulence et que vous en profitez, par pudeur taisez-vous quand il est ruiné et que votre femme ne peut plus vous enrichir. Cette hypothèse, j'ai hâte de dire combien elle me fait horreur... Mme Gribeauval n'a même pas commis d'imprudence... Monestrol a fui ; est-ce que cela regarde ma cliente? Il laisse un déficit ; mais pourquoi, vous que votre âge doit rendre habile dans la connaissance des hommes, n'avez-vous pas regardé à qui vous donniez votre amitié? Il vous a plu de vous lier avec un spéculateur, vous êtes pris dans ses filets, tant pis pour vous... Une autre fois placez mieux votre confiance...

Mᵉ Thèse s'arrêta, but un verre d'eau et promena son regard dans l'assistance.

— Maintenant j'arrive aux correspondances. Sans doute il y a eu des lettres échangées entre ma cliente et Monestrol ; mais vous aussi en échangiez, témoin la demande de flanelles si nombreuses ; vous étiez placé sur le terrain de l'intimité, vous pour des intérêts particulièrement matériels ; mais ma cliente ne spécule pas... Poussée par vous vers un homme qu'elle avait tout lieu de croire honorable, elle lui a confié ses déceptions d'épouse... Elle avait le cœur gros, elle épanchait ses inquiétudes, non pas seulement dans le sein d'un ami dévoué, mais de plusieurs, de tous ceux qui l'approchaient... Entre autres familiers, Monestrol était accompagné d'un pianiste du plus grand avenir, le jeune Stanislas qui, à la fleur de l'âge, a déjà doté l'art musical du *Petit navire*, une perle adoptée par tous les salons parisiens... Il était si jeune, le jeune Stanislas, qu'il portait encore la veste du Conservatoire.

— Il avait dix-huit ans ! s'écria Mᵉ Séverin.

— Dix-huit ans, soit, je veux bien les accepter sans contrôle... Tout ce que je sais, c'est qu'il portait la veste courte des jeunes élèves du Conservatoire, et que son cœur avait la jeunesse de ses habits. Ce jeune Stanislas était je ne dirai pas l'âme, mais l'orchestre des fêtes données par Monestrol... L'agent de change se montra généreux pour cet espoir de l'art musical. Le jeune Stanislas ne rougit pas de tels bienfaits, étant comme chef d'orchestre attaché aux menus plaisirs d'un homme qui traitait royalement ses hôtes. L'esprit préoccupé par les difficultés de son art, l'enfant était réfléchi, écoutant des voix intérieures. Et vous voulez en faire un amant de Mme Gribeauval ! Ah ! Messieurs, je rappellerai mes adversaires à la pudeur... Malheureuse, s'efforçant à grand' peine de refouler au fond de son cœur ses tristesses et ses chagrins, ma cliente fut frappée par la concentration précoce de ce compositeur de l'avenir... Le jeune Stanislas, orphelin, n'avait pas goûté aux tendresses maternelles ; son cœur débordant d'affection devina sans qu'on les lui confiât les douleurs de la jeune femme ; malgré son jeune âge, Stanislas soupçonna une âme blessée, et, avec une attention délicate et respectueuse, dans ses conversations il traitait de sujets en harmonie avec la situation de ma cliente... Lui aussi parla de ses espérances, de ses rêves ; il avait honte d'être obligé de trafiquer de son art, et projetait d'aller à Rio-Janeiro conquérir son indépendance pour s'imposer plus tard à sa patrie, à ce Paris qui veut des réputations toutes faites... Mme Gribeauval éprouva, on le comprend, une sympathie profonde pour l'enfant qui voulait s'expatrier. Un jour, par hasard, deux mains se rencontrèrent, se pressèrent l'une dans l'autre, et alors commença une de ces affections pures et innocentes que Mme Gribeauval a appelée l'union des âmes ! De Rio-Janeiro l'enfant envoya des romances de sa composition à ma cliente et les lui dédia. Des bijoux d'harmonie plus étincelants s'il est possible que le *Petit navire !* Voulant donner à l'artiste un témoignage de son chaste attachement, Mme Gribeauval laissa tomber dans une enveloppe une boucle de ses cheveux... Est-ce une faute ? Les souveraines ne remercient-elles pas ceux qui attachent leurs noms à des œuvres musicales par des cadeaux ? Mme Gribeauval n'est ni reine ni princesse. Envoyer un porte-crayon en or à Rio-Janeiro, il faut laisser cela aux princesses... Ma cliente fit mieux, elle fit passer au compositeur un souvenir plus délicat, une boucle de ses cheveux. Et vous vous targuez de cet envoi comme d'une faute, d'une preuve ! Un mari qui saurait vivre ne s'offusquerait jamais d'un tel don ; mais il ne faut pas avoir affaire à une âme vulgaire. Vous, M. Gribeauval, vous jalousez l'artiste qui s'embarque sur un frêle esquif pour tenter la fortune et se confier à l'onde amère... Je vous l'ai déjà dit : votre corps est couvert de flanelle, votre cœur aussi... Et maintenant je place ma confiance dans les lumières du tribunal à qui j'ai dit la vérité, toute la vérité, rien que la vérité.

Mᵉ Thèse s'assit au bruit d'un murmure flatteur et l'avocat Séverin se leva; mais les plaidoiries avaient duré trois heures, et le tribunal, submergé par de tels flots d'éloquence, jugea prudent de remettre l'affaire à huitaine pour les répliques.

Fendant la foule en compagnie de sa cliente, Mᵉ Thèse reconduisit Mᵐᵉ Gribeauval jusqu'à sa voiture.

— Merci, lui dit-elle, je suis si émue que je puis à peine vous témoigner ma reconnaissance ; mais je n'oublie pas... Vous avez été pour moi mieux qu'un défenseur, mieux qu'un ami !

CHAPITRE XIV

L'enseignement de M⁰ Thèse appliqué à la
• Closerie des Lilas.

Le triomphe oratoire que venait de remporter M⁰ Thèse fit que, tout entier à ses devoirs vis-à-vis de sa cliente et aux motifs nouveaux qu'il espérait puiser près d'elle pour la réplique, il resta quelques jours sans donner suite à l'étude des affaires arriérées, ce dont Jacquelin profita pour ses plaisirs.

Il y avait longtemps qu'il n'avait paru à la Closerie des Lilas où ses camarades les clercs d'avoué se réunissaient chaque dimanche. Dans une travée garnie de tables faisant face au bal, les amis de Jacquelin venaient goûter aux joies bruyantes des étudiants et réaliser cette fameuse *vie de Bohême* dont un rapin du quartier d'Enfer a retracé les principales scènes dans une série de fresques où de folles Mimi évoquent les amourettes des tendres Musette des générations précédentes.

Tout ce groupe de clercs apportait à la Closerie des Lilas encore plus d'animation que les étudiants. Privés de liberté pendant la semaine, plongés dans d'arides questions de procédure, le dimanche l'expansion reprenait le dessus et, moins blasés que la jeunesse des écoles, plus pauvres et d'autant plus amoureux, ils trouvaient des charmes particuliers aux dames de tout âge qui ont consacré la réputation du bal. Quand, assis sous une tonnelle, autour d'une table chargée de *moss* et de *bocks*, il était permis aux clercs de ravir quelques légères faveurs à leurs danseuses, on s'imagine combien étaient tendres et savoureuses ces privautés.

Jacquelin n'était pas encore à la hauteur de ces belles manières : ayant quitté seulement depuis quelques mois son village, il n'avait pu se débarrasser de la gourme de campagne et dansait d'une façon *mastoc*, sans avoir acquis la souplesse et la légèreté nécessaires ; la bottine de sa danseuse s'arrêtant à un pouce de son nez le faisait soupirer après l'époque où il répondrait en écho à ce salut gracieux.

Le clerc apportait à la Closerie plus de bonne volonté

que de réussite et, quoiqu'il essayât dans le silence du cabinet de son patron quelques écarts destinés à assouplir ses membres, Jacquelin n'arrivait pas au moelleux et au fondu qui enlèvent aux soubresauts de la danse moderne les arêtes trop hardies.

Jacquelin souffrait de ne pouvoir tirer de sons d'un instrument dont l'embouchure lui était rebelle. Comment, sans posséder à fond les brillants écarts qu'exige le quadrille moderne, parviendrait-il à faire connaître à ses danseuses les trésors d'amour enfouis en lui? En ployant soigneusement le soir l'habit numéro trois à pans carrés comme une armoire, le clerc poussait des soupirs et souvent la nuit des visions s'emparaient de lui, dans lesquelles apparaissaient d'élégants saute-en-barque sur lesquels il avait jeté un regard de convoitise en passant devant les magasins de la *Belle Jardinière* pour se rendre au Palais de Justice; ces merveilleux vêtements bleu de ciel relevés par des soutaches rouges auraient donné à Jacquelin, du moins il le pensait, de triomphantes allures de hussard.

Jacquelin, par ses rapports avec l'étude de Me Lamartinière, l'avoué chez lequel Me Thèse envoyait ses clients, fit la rencontre d'un second clerc, son compatriote, nommé Ferdinand, qui prit le débutant sous sa protection. Or, Ferdinand, cité au Palais pour son élégance, avait insinué à Jacquelin que l'habit numéro trois, dû aux libéralités du patron, était certainement une des causes qui empêchaient le clerc de faire figure à la Closerie. Jacquelin admettait la valeur des raisons dictées par le représentant de la mode dans la salle des pas perdus. Mais que faire? Les appointements du clerc consistaient principalement en promesses pour l'avenir, et il ne fallait pas songer de longtemps à remplacer l'habit numéro trois par un gai veston en harmonie avec les toilettes des grandes coquettes de la Closerie.

Pourtant Jacquelin se consolait, ayant souvent à sa disposition pour danser une certaine Céleste Badin, que protégeait Ferdinand. Jacquelin devenait au bal la doublure du second clerc de M⁰ Lamartinière. Si cette fonction ne remplissait pas son cœur, elle contribuait à exercer ses jambes.

Quant à Ferdinand, lancé tout à fait à la Closerie, sa toilette et sa bonne mine lui valaient les attentions des reines de l'endroit. Aussi laissait-il habituellement Céleste Badin en compagnie de Jacquelin pour papillonner autour des danseuses d'un ordre supérieur, qui, entourées d'une nombreuse cour, donnent le ton à l'établissement.

La grisette se contentait médiocrement de tels hommages rendus à des rivales, et souvent Jacquelin songeait que, s'il rencontrait une jolie fille qui lui ouvrît les portes de son cœur, il n'imiterait pas le brillant Ferdinand, qui prodiguait son encens à des créatures couvertes de bijoux, mais aussi de rouge et de plâtre, et qui, si elles avaient des toilettes extravagantes, avaient un langage et des goûts non moins extravagants.

Piqueuse de bottines dans un magasin de la rue de l'Ancienne-Comédie, Céleste Badin travaillait toute la semaine, du matin au soir, pour danser le dimanche; elle était jolie, avenante, et n'offrait rien de commun avec les beautés interlopes du quartier latin, qui, si par hasard elles donnent une mince feuille de leur cœur aux étudiants, trafiquent du reste au boulevard des Italiens et au jardin Mabille.

En bonne fille, Céleste Badin ne se gendarmait pas contre le suppléant de Ferdinand ; loin d'imiter les beautés dédaigneuses qui jetaient un regard dérisoire sur les souliers à cordons du clerc, elle n'avait pas de mots sarcastiques pour l'habit numéro trois, et le clerc reconnaissant savait écouter les récriminations jalouses de la grisette, qui, sans cesse en quête de Ferdinand, entraînait Jacquelin à sa recherche après chaque quadrille.

Ainsi put voir clair Jacquelin dans le cœur de la grisette, ce petit cœur qui eût été transparent comme du cristal si Ferdinand ne l'avait pour ainsi dire étoilé par ses légèretés. Peu à peu le clerc devint le confident de Céleste Badin ; ce fut alors que les instructions de son patron se représentèrent à sa mémoire. Le moment n'était-il pas venu d'essayer le système de Mᵉ Thèse et de jouer un jeu dont le clerc commençait à comprendre la marche ?

Sans doute Jacquelin n'avait pas les dehors brillants de Ferdinand : le clerc était le premier à le reconnaître ; mais le dépit pouvait s'emparer de la grisette qui, sans cesse parlait de rupture, et le confident n'était-il pas inscrit le premier sur la liste des successeurs que Céleste Badin se vantait de donner à l'ingrat qui la négligeait ?

Jacquelin devint d'une prévenance extrême et se laissa aller dans la contredanse à presser le bras de la gentille Céleste, qui ne paraissait pas s'en fâcher. En même temps, le clerc avait soin de conduire la grisette aux alentours des bosquets où Ferdinand, en compagnie d'étudiants et de jeunes dames à la mode, oubliait son amie.

— Cela ne peut durer ! s'écriait Céleste... On ne se conduit pas de la sorte !

Naturellement Jacquelin l'entretenait dans ses projets de vengeance. La grisette jurait que jamais la Closerie des Lilas ne la reverrait ; au bal suivant elle était la première à l'ouverture des portes. Sans cesse elle déblatérait contre « ce monstre de Ferdinand » ; à peine apparaissait-il qu'elle l'accablait de caresses, et, ses nerfs se calmant au moindre mot de l'homme adoré, elle redevenait douce et soumise ; mais elle ne variait pas dans la façon dédaigneuse dont elle parlait de ses rivales, trouvant le défaut, la tache dans des beautés irréprochables en apparence, et ainsi elle faisait à son insu l'éducation de Jacquelin, qui commençait à comprendre la philosophie que l'homme doit apporter dans ses rapports avec la femme.

Entre toutes celles qui se disputaient le cœur de Ferdinand était une certaine Louise Voyageur, surnommée de la sorte à cause de la brièveté de ses liaisons. Elle tenait incontestablement le sceptre à la Closerie des Lilas. Dansait-elle dans l'endroit le plus retiré du bal, aussitôt un cercle se formait de jeunes gens qui excitaient la danseuse par leurs compliments et leurs bravos. C'était même un honneur considérable que de servir de cavalier à la volage Mlle Voyageur pendant le quadrille ; le danseur devenait pour ainsi dire le mari de la reine et la main d'un étudiant acceptée par Louise équivalait à un brevet d'homme tout à fait posé.

Les galants ne faisaient pas seuls cercle autour de l'étoile de la Closerie ; on remarquait également deux classes particulières de rivales, des jeunes et des vieilles; celles-ci curieuses de suivre l'impulsion qu'elles avaient imprimée à l'art chorégraphique et songeant : « Ainsi nous étions jadis, » les jeunes excitées par le désir de surprendre quelques-uns des secrets qui valaient un si grand renom à M⁽ˡˡᵉ⁾ Louise Voyageur.

Jacquelin poussa sans difficulté Céleste à se mêler à ces groupes.

On dirait que les femmes recherchent à plaisir les coups de poignard de leurs rivales; elles trouvent une secrète jouissance à se meurtrir le cœur, et quand la blessure saigne elles savourent la plaie.

Le succès bien constaté dont jouissait Ferdinand, en compagnie de Louise Voyageur, était cuisant pour Céleste, et si Jacquelin ne comprenait pas qu'alors les serrements de son bras par celui de la grisette prenaient leur source dans des secousses névralgiques et jalouses, c'est qu'à cette époque le clerc possédait encore un fonds considérable de naïveté.

— Il faut que Ferdinand s'explique ! s'écria Céleste. Un homme à qui j'ai fait tant de sacrifices !... Il choisira entre moi et une pareille coureuse... Mais avant de quitter Ferdinand, j'aurai une explication avec cette femme.

Jacquelin ne comprit pas la portée de ces mots; au contraire, il attisait les haines de Céleste pour obtenir quelque gratification de ses services. Tel était le moyen de réussir auprès des femmes, et Jacquelin se souvenait des conseils de son patron, Mᵉ Thèse.

Ayant remarqué que Ferdinand et Louise, après le quadrille, allaient respirer le frais dans l'endroit le plus solitaire du jardin, Jacquelin y conduisit Céleste sans la prévenir. Ainsi ils croisèrent tout d'abord deux ombres sous la charmille.

Aucune lumière n'existait en cet endroit ; les deux ombres semblaient absolument méconnaissables. Elles ne l'étaient pas pour la grisette qui, tout à coup abandonnant le bras de Jacquelin, se mit en travers de l'allée, et, avec un rugissement sauvage, s'élança sur une des ombres, qui n'était autre que Louise Voyageur.

Un cri d'effroi répondit au cri de vengeance poussé par Céleste qui s'écriait :

— Ah ! tu m'enlèves mon amant, je vais t'arranger !

Jacquelin frissonna, n'ayant jamais assisté à une pareille déclaration de guerre.

Au loin se faisait entendre l'introduction d'une valse enivrante ; dans le bocage les deux femmes se prenaient aux cheveux. C'étaient des hurlements de rage, des grincements de dents de la part de Louise Voyageur, dont Céleste accommodait la coiffure *à la chien*, sans suivre absolument la méthode des coiffeurs.

Jacquelin tenta de séparer les deux femmes ; mais il sentit une main tortiller sa cravate, des ongles labourer ses joues, et comme un régiment de diables attelés à la queue des pans de l'habit numéro trois.

Affreux contraste ! les joyeusetés du cornet à pistons se répandaient en notes de plaisir, perlées et provoquantes.

Cependant les cris des deux rivales avaient attiré l'attention ; en un instant le théâtre du combat fut illuminé par des lumières qu'apportaient les garçons et le chef de l'établissement, qui, voyant un homme aux prises avec une femme, venaient au secours de celle-ci et signalaient celui-là aux défenseurs de l'ordre public.

Ferdinand avait disparu en même temps que Louise Voyageur; mais au début de la lutte l'obscurité fit que Céleste, prenant Jacquelin pour l'ingrat qui la trompait, s'acharna avec ses ongles après la figure du clerc ; à ces griffes succéda la terrible poigne des sergents de ville.

Jacquelin demandait à s'expliquer. Il est privilégié des dieux celui qui peut donner des explications aux personnages coiffés d'un tricorne qui protègent la morale dans les jardins publics.

Le clerc, malgré son innocence, fut tour à tour saisi au collet, bourré de coups dans le dos par les sergents de ville, hué par les danseuses montrant le poing au monstre qui battait leurs sœurs, et sifflé par les étudiants prenant le parti des femmes.

Conduit au poste, Jacquelin put réfléchir toute la nuit sur la difficulté pour un être naïf de se mêler aux intrigues amoureuses.

Et quand le lendemain, s'étant fait réclamer par son

patron, Jacquelin apparut à M° Thèse avec un seul pan de l'habit numéro trois, le clerc subit une mercuriale sévère pour avoir fréquenté de mauvais lieux et sur l'utilité qui, au contraire, devait le pousser dans les endroits que fréquente la bonne compagnie.

CHAPITRE XV

Une cause célèbre.

A la huitaine qui suivit la remise de l'affaire Gribeauval l'affluence des membres du barreau fut encore plus considérable, les répliques des avocats devant fournir des effets semblables à ceux d'un cinquième acte de drame. Là devaient se presser les raisons majeures ; dans cette arène, chacun attendait les coups de poing oratoires de la fin.

Ce n'est pas que Mᵉ Séverin fût regardé comme un adversaire digne de Mᵉ Thèse. Il n'avait pas entouré son client de l'auréole de victime nécessaire en pareille matière. Sans doute personne ne doutait que M. Gribeauval eût été trompé ; mais les preuves paraissaient généralement insuffisantes, et, comme un des plaidants devait être sacrifié, les jeunes avocats attendaient les derniers coups qu'en sacrificateur habile, Mᵉ Thèse devait porter à son adversaire.

Encore une fois à cette audience, Mᵉ Séverin s'étendit longuement sur les devoirs conjugaux. On lui demandait des faits, il expose des théories ; le tribunal voulait des preuves, l'avocat se pose en moraliste. L'attention qu'il s'efforçait d'attirer sur la personnalité de M. Gribeauval n'engendrait nulle sympathie pour son client, et les épigrammes qu'il décochait à la défenderesse semblaient particulièrement vieilles et émoussées.

De même qu'au théâtre, le froid de l'assemblée pénètre l'avocat. Il sent qu'il parle dans le vide ; ses arguments s'arrêtent en route ; comme des troupes mal disciplinées, il les voit, débandées, attaquer mollement l'ennemi. C'est un général à la tête de recrues qui combattent à regret, et plus l'orateur dans cette difficile situation fait d'efforts pour s'échauffer, moins il communique sa flamme factice à l'assistance.

Pour la réplique, Mᵉ Séverin avait chaussé des galoches triomphantes qui sont restées dans la mémoire de ceux qui fréquentent le palais : ces galoches de castor, doublées de semelles particulièrement bruyantes, commandaient d'habitude l'attention quand elles frappaient sur les dalles du prétoire; et pourtant les galoches partageant le désarroi des arguments manquaient elles-mêmes ce jour-là de sonorité.

M⁰ Séverin sortit alors à mi-corps de son banc, comme pour insinuer plus directement son éloquence dans l'esprit du tribunal. Ainsi qu'un suisse qui à l'église fait sonner les dalles de sa lourde canne pour écarter la foule et livrer passage aux prêtres, chaque preuve M⁰ Séverin l'accompagnait d'un violent coup de galoche; mais les preuves ne prenaient pas leur vol dans la direction des juges.

— Messieurs, s'écria l'avocat ruisselant de sueur, car la mauvaise réussite fatigue particulièrement l'ouvrier, je n'ai pas encore entamé la série des preuves matérielles. Nous allons les faire jaillir à vos yeux.

— Toc ! fit la galoche, comme si elle eût voulu enfoncer une trappe.

— Les preuves, continua M⁰ Séverin, les preuves de la coupable conduite de M⁰ᵉ Gribeauval, nous en avons plein les mains ; et si je ne vous les étale pas toutes, c'est que le détail en serait trop long.

— Il n'en a pas, pensa M⁰ Thèse.

— Toutefois, Messieurs de la cour, j'ai cru devoir joindre aux correspondances passionnées dont je vous donnais lecture il y a huit jours une de ces preuves telles qu'on n'en voit que dans les procès criminels.

Le public commençait à devenir attentif ; l'avocat renforça l'attention par un nouveau coup de galoche.

— Mais à quoi bon des phrases en pareil cas ? Voici ma preuve.

Alors M⁰ Séverin tira de dessous son bureau une malle, qui redoubla l'attention de l'assistance. Qu'allait-il sortir de la malle ?

— Cette malle, Messieurs, appartient à Mme Gribeauval. Mon adversaire la reconnaît-il ?

Mme Gribeauval en ce moment baissait la tête.

— Ah ! vous avez raison d'être prise de confusion en voyant cette malle, complice muet de vos débordements. Que dis-je, muet ? La malle va parler... Messieurs, notre adversaire nie qu'il ait quitté le domicile conjugal pour se retrouver en partie de plaisir avec des amants, malheureusement absents à cette heure... L'inculpée prétend qu'elle s'est rendue chez sa mère d'abord, de là chez une amie. Mensonge ! mensonge !

— Toc ! toc ! fit la galoche en manière de basse.

— Ce qui fait la faiblesse du criminel, continua M⁰ Séverin, c'est qu'il perd la tête, qu'il oublie de démarquer le linge de sa victime, et pourtant la Providence, Messieurs, a voulu qu'à un instant cette marque apparût aux yeux de tous ! La malle ici présente porte un *ticket* collé sur ses flancs par l'administration du chemin de fer.. Grâce à ce ticket, le parcours de Mme Gribeauval vous est dévoilé. Nous allons faire passer la malle accusatrice sous les yeux de M. le président, pour qu'il veuille bien en communiquer la vue à ses honorables assesseurs.

La malle ayant été portée par un huissier sur le bureau du président.

— Maintenant, messieurs, vous me demanderez sans doute ce que contenait la malle; vous vous attendez à l'étalage de nombreuses découvertes faites à l'intérieur. Eh bien ! l'extérieur suffit à ma cause... Quelle éloquence pourrait lutter avec ce ticket! Ici l'art oratoire peut se taire... Que mon adversaire sourie, qu'il se frotte les mains..! Il n'y a rien dans la malle, pense-t-il, le ticket est insignifiant... J'ai dit qu'il n'y avait rien dans cette malle... Excusez-moi, messieurs, la malle contient des toilettes de femme que Mme Gribeauval n'a pas réclamées, sachant où s'en procurer ailleurs... Quoi de plus naturel que des vêtements dans une malle ! Mais si je tirais de ces habits une lettre laissée par mégarde dans une poche, une lettre destinée à un galant, une lettre qui, il est vrai, ne contient pas de boucle de cheveux tombée dans l'enveloppe, suivant l'ingénieuse expression de mon confrère. La lettre est adressée *au cher Tempête*, telle est la suscription. Au cher Tempête on fait des déclarations, au cher Tempête on accorde un rendez-vous... A quoi le cher Tempête répond en style de peintre émaillé de fautes d'orthographe. Quelle orthographe et quel style ! J'aurai l'honneur, monsieur le président, de vous faire passer cette lettre pour que vous la communiquiez au tribunal en chambre du conseil, car il n'est pas bon qu'ici, dans ce prétoire, soient mis en lumière de tels accents, d'où ressort la violation de la morale et de la langue... Il faut avouer, messieurs, que mon client joue de malheur... Tous les complices de M*me* Gribeauval disparaissent... Monestrol en fuite et en faillite, le jeune Stanislas à Rio-Janeiro ; enfin ce Tempête, nous avons été impuissants, malgré de nombreuses recherches, à trouver sa trace... Ces fuites, ces disparitions ne témoignent-elles pas suffisamment des liaisons de bas étage de l'inculpée? Quoi ! sur trois amants pas un n'a de domicile connu ! Pas un n'a de ressources ! Pas un par conséquent n'a d'avenir ! Ce seul fait condamne notre adversaire... J'ai dit.

M*e* Séverin s'était assis après avoir asséné sur le parquet un dernier coup de galoche. M*e* Thèse se leva. Et d'abord il battit en brèche la malle, sur l'effet de laquelle son adversaire avait compté, cette malle qui, suivant lui, n'était pleine que de vent. M*e* Thèse s'appuyait particulièrement sur le manque de date du ticket.

— Oui, dit-il, M*me* Gribeauval a été en Normandie, oui, elle a pris les eaux, mais en compagnie de son mari. Avez-vous fait venir des experts pour constater que le ticket a six mois ou un an d'apposition ? Ah ! laissons là la malle et le ticket ! Ce ne sont pas des preuves, et, tant que vous n'en fournirez pas de plus sérieuses, je ne prendrai pas la peine de les discuter... Je passe tout de suite aux prétendus complices de ma cliente..... Vous vous targuez de leur absence. Est-ce la faute de Mme Gribeauval si son mari s'est lié avec un agent de change qui, pour échapper à de mauvaises affaires, fuit ses créanciers? Des griefs de cette nature sont inadmissibles. Vous parlez de la bassesse des relations de ma cliente ! Elle a protégé la musique, la peinture, et vous osez qualifier de bas des arts libéraux ! C'est le renversement de toutes choses ! Vous traitez nos compagnons de bohêmes. Quoi ! l'un traverse l'Océan pour porter au delà des mer ses mélodies, et vous le traînez dans la boue ! La lettre adressée à Tempête suffit-elle à en faire un bohême ? Eh bien, messieurs, ce bohême est glorieux du surnom qui indique les nombreux combats qu'il a livrés avec les flots pour les représenter dans leur fureur. Il existe un maître ancien dont les toiles sont couvertes d'or et que la postérité a appelé Orrizonti à cause de la transparence de ses lointains. Tempête est l'Orrizonti de la mer. Et voilà celui que mon adversaire prétend ravaler..! Ma cliente a le sens de l'art très-développé; son intelligence lui fait entrevoir quelle réputation le compositeur et le peintre acquerront un jour ; elle devient leur protectrice, leur amie... Vous voulez aller plus loin; malgré ma répugnance je vous suivrai sur ce terrain. J'ai dit la jeunesse du pianiste, et je déclare qu'une femme, à moins d'être absolument corrompue, ne pouvait se laisser entraîner à une pareille liaison. Pourquoi ne puis-je faire comparaître le jeune Stanislas avec la veste du Conservatoire? Rien que cette veste innocenterait ma cliente. Quant à Tempête, c'est une autre nature; jeune encore il a été miné par la contemplation de la mer. Le séjour au bord de l'Océan avait déjà rempli de tristesse l'âme du peintre, car vous savez, messieurs, que les grands spectacles de la nature en accablant l'homme le prédisposent à de profondes mélancolies... La mélancolie développe le foie aux dépens des autres parties du corps; le foie développe la mélancolie... C'est un cercle vicieux et vicié constaté par la physiologie. Les fonctions mal équilibrées d'un des organes les plus essentiels affaiblissent les hommes et les rendent à peu près impropres à tout travail régulier... Tempête, victime de son art, devait tomber malade... Ah! vous n'avez trouvé aucun des prétendus complices de ma cliente? Je le crois bien! Pourtant, moi qui ai à cœur de faire luire la vérité dans cette enceinte, je me suis mis en quête, et je peux vous donner des nouvelles de l'artiste que vous accusez de manquer de domicile... Vous appelez le peintre un complice; il deviendra notre meilleure défense... Tempête, levez-vous!

Alors, derrière l'avocat se dressa un être long et maigre, les pommettes saillantes, les yeux brillants, la peau jaune, un bonnet de soie sur la tête, le menton perdu dans un épais cache-nez.

— Voilà Tempête, messieurs; voyez ce que la mer en fait !

En ce moment le peintre fut pris d'un accès de toux profond comme les cavernes de l'Océan.

— Asseyez-vous, fit le président d'un geste de compassion.

Tempête se laissa tomber sur son banc.

— Voilà donc le séducteur; vous le voyez dans son état de misère, continua Mᵉ Thèse en faisant signe à Tempête de se relever pour aider à sa démonstration. Voilà celui que M. Gribeauval nous dit être l'amant de sa femme. Ce fiévreux, ce moribond, regardez dans quel état il se trouve !

— Maître Thèse, dit le président, veuillez faire asseoir le malade... Le tribunal n'aime pas ces sortes d'exhibitions.

Tempête encore une fois s'affaissa sur son siége en faisant éclater des accents de toux déchirants.

— Monsieur le président, continua l'avocat, pouvais-je me laisser accuser de cacher nos prétendus complices? Mon adversaire a-t-il assez abusé de ce moyen? Le hasard m'a mis sur les traces de cet infortuné, j'ai voulu que la lumière éclatât à vos yeux... Tempête est depuis six mois à l'hôpital sur un lit de douleurs, et j'ai eu une peine extrême à obtenir sa sortie momentanée du directeur qui ne m'a confié le moribond que pour l'audience... Accuserez-vous encore Mme Gribeauval d'avoir donné son cœur à un pareil squelette? Vous me direz que Tempête a été jadis plus vaillant; mais quoi! l'accusation remonte à un an et voilà déjà neuf mois que l'artiste agonise... J'ai fini, messieurs; chacun peut juger de quel poids sont les accusations de la partie adverse. Et maintenant ma cliente peut relever la tête et se montrer souriante à tous, confiante dans la justice du tribunal.

L'effet de cette plaidoirie est encore à l'heure qu'il est présent à l'esprit de ceux qui assistèrent à l'audience, car la mise en scène de Me Thèse produisit un effet considérable. Elle fut cependant discutée avec vivacité, l'ancien barreau se gendarmant contre l'exhibition d'un moribond. Étaler de pareilles misères dans une affaire en séparation de corps, cela ne s'était jamais vu. On accusa Me Thèse d'introduire au palais les théories d'une nouvelle école qui ne reculait pas devant l'abus de la vérité, et Me Thèse, malgré son art de bien dire, fut accusé de réalisme oratoire.

La jeunesse du barreau, qui, comme toutes les jeunesses, gobe les mots représentant en apparence des systèmes nouveaux, tenait pour Me Thèse. Le coup de théâtre produit à l'audience par cette apparition inattendue de

Tempête plaisait aux jeunes imaginations, qui d'ailleurs accusaient également Mᵉ Séverin des mêmes fautes. Quoique représentant le vieil et classique art oratoire, l'adversaire de Mᵐᵉ Gribeauval n'avait-il pas introduit la malle en pleine discussion ?

D'abord controversée au palais, l'affaire Gribeauval, par l'exhibition de Tempête, prit place dans les causes célèbres, ce qui est rare en matière de séparation de corps.

Le tribunal ayant remis le prononcé du jugement à huitaine, Mᵉ Thèse reconduisit sa cliente à sa voiture. A un certain regard l'avocat comprit que Mᵐᵉ Gribeauval, trop émue pour parler, désirait qu'il la reconduisît.

Dans la voiture, Mᵐᵉ Gribeauval prit la main de l'avocat et la serra silencieusement.

— Comment pourrais-je jamais reconnaître votre assistance ? murmurait la jeune femme.

Le jour tombait; un brouillard épais enveloppait la voiture.

D'un ton qui parut à l'avocat une musique angélique, Mᵐᵉ Gribeauval, pressant de nouveau les mains de son défenseur, soupira :

— Vous m'avez bien vengée, Casimir !

CHAPITRE XVI

Premier caprice.

Il n'est pas de plus grands crédules en amour que les sceptiques. M⁰ Thèse, qui toute sa vie avait plaidé les séparations de corps, devait être, mieux qu'un autre, à même de sonder la malice des femmes; nécessairement il avait approfondi leurs coquetteries, leurs ruses, leurs tromperies. L'avocat doutait de toutes les femmes ; il crut à une femme et son bonheur fut au comble quand il eut des preuves qu'il n'était pas indifférent à sa cliente.

Dès ce jour une nouvelle vie commença pour M⁰ Thèse, qui jusqu'alors s'était renfermé dans l'exercice de son art. Mme Gribeauval en fit un homme presque mondain et l'entraîna à sa suite dans des divertissements de toute nature.

Là triomphait la jeune femme, heureuse d'avoir forcé les portes de sa prison conjugale, et l'avocat jouissait de ces triomphes dont une part lui revenait. Peu à peu M⁶ Thèse rompait avec son passé et se trouva initié au luxe, à la toilette et à mille détails féminins qu'il avait à peine soupçonnés jusque-là.

Pour la première fois l'avocat se surprit à s'arrêter devant l'étalage des magasins de nouveautés et des marchandes de modes ; il se demandait si telle robe ou telle coiffure conviendrait à Delphine, car M⁶ Thèse avait renoncé à répéter le nom de Gribeauval, pour oublier que légalement toute la vie sa cliente était liée à un autre. Rarement il revenait du palais sans cadeau, dont il était payé par un sourire de la jolie femme.

Ce fut une des bonnes années de la vie de l'avocat. Il était aimé, aimé pour lui-même, pour son éloquence !

Plus d'une fois M⁶ Thèse s'en ouvrit à Jacquelin, l'entretenant des exquises délicatesses de la femme qui illuminait le fond un peu sombre de sa profession ; même le clerc à cet état de choses gagna une augmentation d'appointements, car l'amour rend généreux.

Également l'amour pousse à l'élégance. M⁶ Thèse devint élégant.

Lui qui ne s'était jamais rendu au palais qu'en vêtement

noir, en arriva à porter un pantalon d'un gris clair presque tendre qui semblait incompatible avec son grave ministère. On les compte les couleurs gris clair dans la salle des Pas-Perdus. Cette métamorphose fut signalée par un fin connaisseur, l'avocat Albin, qui était ce qu'on appelle un avocat de coulisse, c'est-à-dire un ami des plaisirs faciles, qui vivait dans les théâtres et défendait d'habitude les actrices dans leurs démêlés avec les entrepreneurs de spectacles.

— Je me trompe fort, dit l'avocat Albin, si M° Thèse n'est pas pincé.

On sut bientôt que ce propos avait des fondements. Jacquelin fit à ses camarades de basoche quelques confidences ; elles furent répétées aux amateurs de nouvelles, qui recueillent volontiers les cancans de la salle des Pas-Perdus.

En outre, M° Thèse fut remarqué en loge découverte un jour de première représentation, affichant la belle Delphine et étant affiché par elle ; on le rencontra également au bois. C'était une passion, il n'y avait pas à en douter, et la corporation en jasa d'autant plus que le procès Gribeauval avait marqué. Le vieux barreau hochait la tête.

Un avocat amoureux de sa cliente !

Sur ces entrefaites M° Thèse invita à dîner quelques-uns

de ses confrères. A ce repas étaient représentées diverses nuances du barreau parisien.

Naturellement pendant le dîner on parla avec éloquence, on porta des toasts à maintes reprises, ce qui mit les convives en belle humeur. Toutes rivalités semblaient effacées. Côte à côte se trouvaient les avocats qui le même jour s'étaient lancé des duretés à la face ; mais les démentis, les invectives, qui à la cour semblent renvoyées par de souples raquettes, n'atteignent que les clients et non leurs défenseurs, ceux-ci se regardant comme des écrivains publics qui rédigent une déclaration amoureuse pour celui-ci, une lettre désagréable pour celui-là, sans s'inquiéter où va leur missive. Et comme l'affaire Gribeauval, pour faire honneur à l'hôte, fut mise sur le tapis, Me Séverin, défenseur du mari, accorda que sa cause étant mauvaise, il n'avait jamais cru la gagner, surtout contre un adversaire si remarquable.

Une pareille entente eût sans doute scandalisé plus d'un plaideur.

Qui force tant de gens à livrer leurs tourments intimes aux quatre vents de la publicité ? Qui les pousse à dépenser en frais de procédure la majeure partie des sommes qu'il réclament ? Pourquoi les familles s'entre-déchirent-elles ? Qui sépare les femmes des hommes, les hommes des femmes, les hommes des hommes ? Et pourquoi les gens de palais ne prélèveraient-ils pas une dîme sur l'ambition, la cupidité, la mauvaise foi, la haine, la débauche, les passions et les vices pour lesquels l'humanité est condamnée à payer de fortes impositions ?

Aussi les avocats ont-ils la conscience nette, une fois les mains lavées de ces misères. Ouvriers en paroles, plus préoccupés de la forme que du fond, ils savent vivre en bonne intelligence. C'est pourquoi le dîner offert par M⁰ Thèse se passa sans encombre ; et le plaisir qu'éprouvaient les avocats à disserter sur leur art était tel qu'à onze heures du soir quelques-uns restaient encore dans le salon de leur hôte.

Mᵐᵉ Gribeauval avait manifesté le désir d'assister à cette soirée.

— C'est impossible, ma chère amie, lui dit Mᵉ Thèse.

La jeune femme fit une moue suppliante.

— J'aurais tant voulu entendre ces messieurs !

— Justement, puisque je ne reçois que des hommes, il me semble impossible...

— Je n'aime pas ce mot-là... Si vous m'aimez véritablement, vous ne le prononcerez jamais.

— Comment, ma chère amie, faire intervenir l'amour en face d'une telle difficulté ?... Puis-je présenter à mes confrères, à mon adversaire, que je me suis cru obligé d'inviter, celle que tous connaissent pour l'avoir vue à mes côtés à l'audience ?

— Je serai si contente d'entendre ces messieurs... !

— Delphine !...

— Je les verrai sans en être vue.

— Chère amie, dit M⁰ Thèse, si on ne vous voit pas, je vous le permets.

L'avocat avait oublié cette imprudente permission. Il ne soupçonnait pas encore la quantité de caprices qui emplissent la tête d'une jolie femme.

A onze heures du soir apparut une femme, la figure couverte d'un loup de velours, dont l'entrée étonna considérablement les invités.

— Cher, dit la femme masquée à M⁰ Thèse, permettez-moi d'offrir le thé à ces messieurs.

D'abord l'avocat fronça le sourcil. Quelle bizarre fantaisie ! Mais Mme Gribeauval ayant à voix basse reproché à M⁰ Thèse de la laisser seule si longtemps, il fut ravi de cette preuve d'affection, et, sans s'inquiéter s'il était convenable de donner un tel spectacle à ses confrères, l'avocat accepta la situation.

Heureusement il ne restait que quelques convives des plus intimes, et le caractère presque officiel du banquet avait fait place à une certaine liberté de propos.

C'est une jouissance pour l'homme d'être admiré dans la femme qu'il a associée à sa vie ; ceux surtout que leur profession ne prédispose pas à l'élégance réagissent, en s'entourant de beauté et de jeunesse, contre le sort qui les a condamnés à un sérieux glacial. L'avocat était sous le joug de la jeune femme, et le masque capricieux qui rendait sa beauté plus piquante, le ton rose des chairs relevé par le noir du loup, les yeux d'une lueur si brillante, remuaient étrangement Me Thèse.

Seule au milieu d'hommes, Mme Gribeauval jouissait de mille priviléges. Elle en profita pour se mettre, le premier moment de surprise passé, au ton de la conversation, y prendre pied, faire preuve d'esprit, et tenir tête même à l'avocat de coulisse, Me Albin, quoiqu'il fût habitué à d'excessives fantaisies dans le monde des théâtres; mais il ne s'agissait plus de ces vulgaires débauches de restaurants, dans lesquels un directeur du boulevard, jouant au Sardanapale, fait servir ses invités par des figurantes à demi nues. Monde grossier, accoutumé à de vulgaires sensualités. Ici, au contraire, une femme, la figure à demi protégée par un loup mystérieux, se donnait le plaisir de surprendre d'une façon tout à fait piquante un groupe d'hommes à la fin d'une soirée. Chacun savait son nom, chacun lui savait gré de le cacher. On faisait des compliments à Mme Gribeauval ; elle y répondait spirituellement, et son masque lui donnait le droit de tout entendre.

Me Thèse fut ravi du succès de Delphine. Son amour-propre était doucement chatouillé de la possession d'un cœur que chacun semblait lui envier, et ce n'était pas sans joie qu'il s'entendait traiter par ses confrères d'« heureux scélérat. »

Il fallait que l'apparition fût tentante, à en juger par l'attitude et la tenue des invités qui allaient se brûler à la flamme de deux beaux yeux.

Le vieux et classique Me Séverin tournait autour de l'inconnue ; mais sa nature bourgeoise faisait qu'il ne savait comment entamer la conversation. D'abord, révolté de se trouver en face d'une femme masquée, il jalousait en ce moment la spécialité de son rival et regrettait de plaider habituellement pour les hommes, car il sentait que la connaissance des femmes lui manquait, ainsi que les délicatesses intimes qui décident par un mot du ton de la conversation et, sans effort la rendent exquise et galante.

Lui-même l'avocat Courajoude, le terrible démagogue, le futur tribun dont le public faisait une sorte de Fra-Diavolo avec plume à la toque et pistolets à la ceinture, avait laissé au vestiaire sa faconde farouche et méridionale, pour s'entretenir avec Mme Gribeauval.

Sur une chaise basse, Me Albin, l'avocat de coulisse, appuyant son coude sur le dossier et cachant sa calvitie dans ses mains, se traînait presque aux genoux de Mme Gribeauval et lui parlait sur le ton d'un homme qui aurait avalé un flageolet. Tel était son organe, plus pénétrant dans un salon qu'à la sixième chambre ; mais il était difficile de résister à sa main ployée de telle sorte qu'au doigt du milieu éclataient les feux étincelants d'un énorme solitaire, seul capable de lutter avec le brillant des yeux de la jeune femme.

Ainsi Mme Gribeauval put voir de près l'espoir du jeune barreau, la gloire de l'ancien se confondre en galanteries et lui donner la comédie de galants combattant en champ clos pour obtenir un de ses regards.

Ce jour-là, Me Thèse sentit poindre un orgueil extrême en songeant à ce cœur qui consentait à voltiger en compagnie du sien. Les hommages de ses confrères aiguillonnaient son amour-propre, et, si un reste de convenance ne l'eût arrêté, il se fût écrié : « Delphine, démasque-toi! » pour montrer que les traits cachés par la jeune femme étaient de ceux qui gagnent à être vus en pleine lumière ; mais surtout l'avocat était émerveillé du tour ingénieux donné par Delphine à la conversation. Ce n'était pas là une femme ordinaire, et Me Thèse se disait combien le tribunal avait eu raison de repousser la demande de M. Gribeauval, indigne de comprendre une si piquante créature.

CHAPITRE XVII

Conséquence d'un paraphernal.

— Maître, dit un jour Jacquelin à l'avocat, pendant votre absence une personne s'est présentée pour une affaire importante, mais qui malheureusement n'appartient pas à votre ressort.

— Dis toujours.

— Il s'agit d'une donation entre époux par contrat; cette donation, les héritiers en demandent la révocation pour cause d'ingratitude.

— Ingratitude de la femme, nécessairement, dit Mᵉ Thèse. Quel âge a la femme ?

— Trente-deux ans.

— Son état de fortune ?

— La succession Peyrolière dépasse cinq cent mille francs. Et la procédure sera compliquée.

— Ah! fit l'avocat.

Depuis sa liaison avec Mme Gribeauval, Me Thèse comprenait plus que jamais le prix de l'argent. Les cinq mille francs de rente que représentait la location de l'hôtel, reconnu en dot par le mari à sa jeune femme, étaient loin de suffire à ses besoins; elle ne se refusait aucune élégance, et l'avocat avait à combler le trou que chaque jour creusait Mme Gribeauval.

De tous les agents persuasifs, l'amour est celui qui sait le mieux délier les cordons de la bourse; Me Thèse, loin de se gendarmer contre les dépenses de la séduisante Delphine, redoublait de travail pour augmenter les jouissances de celle qui le tenait attelé à son char.

Une robe d'une couturière à la mode, qui réclamait pour ses fournitures un prix équivalent à celui d'une cause, n'effrayait pas l'avocat. Il voulait voir belle la femme qu'il aimait et acquittait les notes sans sourciller; aussi Mme Gribeauval, se sentant la bride sur le cou, ne se gênait pas en matière de commandes.

Me Thèse accepta donc la cause de Mme Peyrolière, sans se rendre compte d'abord des études considérables que devait lui demander cette affaire d'une nature particulière.

La jeune veuve se regardait comme autorisée par son

contrat à hériter de la fortune d'un mari qui venait de décéder. Cette prétention, les héritiers l'attaquaient pour cause d'*ingratitude*, Mᵐᵉ Peyrolière, huit mois après son mariage, ayant abandonné le domicile conjugal pour n'y reparaître que sept ans plus tard, à seule fin de réclamer l'héritage du défunt.

Dans le monde, Mᵐᵉ Peyrolière passait pour une excellente mère de famille; elle élevait deux enfants qu'elle avait eus, le premier un an après son mariage, l'autre deux ans plus tard; mais les héritiers demandaient à fournir la preuve que le second de ces enfants ne pouvait provenir du chef du mari, aucun rapprochement n'ayant eu lieu entre les époux depuis l'abandon du foyer conjugal par Mᵐᵉ Peyrolière; ils demandaient en outre à prouver que l'inculpée avait vécu dans des liens illégitimes, que ce fait notoire constituait l'adultère, que de cet adultère résultait l'*ingratitude* prévue par les législateurs; suivant eux, cette ingratitude rendue claire par-devant le tribunal, devait débouter Mᵐᵉ Peyrolière de toute prétention à l'héritage.

Mᵉ Thèse, jusque-là, avait seulement plaidé les procès en séparation; son esprit n'était pas plié à de telles conséquences de l'adultère. Il passa de longues nuits à étudier les interprétations et commentaires d'un code où chaque affaire est aussi féconde en diversions que la nature dans ses variations de physionomies.

Entres autre graves questions se dressait au seuil du procès celle d'un certain *paraphernal*, contre lequel les héritiers adversaires de la veuve avaient pratiqué une opposition entre les mains du dépositaire. Rien que par cette désignation de *paraphernal*, ne semble-t-il pas que le législateur ait voulu attirer l'attention sur une chose diabolique ?

La complication dans le procès venait du *paraphernal* suivant :

La première année de son mariage, alors qu'elle habitait le domicile conjugal, Mme Peyrolière reçu en cadeau d'un certain Tiboleau une somme de soixante mille francs qui rentra dans la communauté. Tiboleau n'était parent du mari ni de la femme; il avait pour qualité d'être célibataire aimable, de faire la cour aux jolies femmes, et quand Mme Peyrolière abandonna le domicile conjugal, ce fut pour cohabiter avec le généreux Tiboleau.

Or, dans la liquidation, la jeune veuve demandait sa part avec fruits du prémourant au profit du survivant, comme le comportait le contrat ; en outre elle réclamait la reprise en deniers, avec intérêts à partir de la demande, du don Tiboleau ; suivant elle, les héritiers avaient séquestré indûment le fruit de ses avantages matrimoniaux.

Chaque mot de cette demande que le conteur est obligé d'exposer avec une extrême brièveté, entraîne dans le code des milliers de difficultés légales. La société, qui veut que *tout se paye*, a hérissé ces affaires de barrières afin que si la femme qui a eu de graves torts gagne sa cause, elle soit châtiée par de nombreux soucis juridiques.

Les héritiers demandaient que les dispositions du contrat de mariage fussent cassées pour cause d'ingratitude, mais ils réclamaient également le legs Tiboleau, prétendant l'attribuer à la succession, en vertu de la vieille maxime juridique « que la femme dotale ne travaille que pour son mari. » Madame Peyrolière était donc dans la situation bizarre d'arguer de sa liaison avec le célibataire Tiboleau et de témoigner pourtant qu'en cette circonstance, elle n'avait pas absolument travaillé pour son époux.

Cette affaire sembla lourde à M⁰ Thèse ; il se jetait dans les ambages du droit civil, lui qui n'avait jamais plaidé qu'en correctionnelle, et l'avocat parut sous un nouveau jour à Mᵐᵉ Gribeauval, qu'il fatiguait par ses conversations incessantes de *donation contractuelle*, de *provision alimentaire*, de *loi mutienne*, d'*acquets du mari*, de *mainlevées* que le code appelle *pures et simples* et qui sont si troubles et si compliquées.

Les femmes sont douées d'oreilles délicates qui ne semblent pas avoir été construites pour écouter le langage judiciaire ; celles-là même qui paraissent s'intéresser vivement à la politique, aux sciences et à la philosophie, habillent intérieurement ces abstractions de chiffons et de dentelles.

Qu'importait à Mme Gribeauval que l'avocat se rompît le cerveau à ces études juridiques ! Elle ne se disait pas que de semblables études menaient à la plaidoirie d'une cause, que la plaidoirie entraînait des émoluments ; une telle conversation fatiguait la jeune femme comme si un chimiste lui eût exposé la technologie de son art.

Tout entier à sa nouvelle plaidoirie, Mr Thèse ne se doutait pas du peu d'intérêt qu'il excitait ; au contraire, il étalait avec tant de complaisance les divers incidents de l'affaire Peyrolière que Mme Gribeauval lui demanda des détails sur sa cliente.

— Elle est jeune et jolie, dit l'avocat.

— Je le savais.

— Vous la connaissez ?

La veille, en effet, Mme Gribeauval avait attendu pendant une heure dans la pièce où se tenait Jacquelin, que la nouvelle cliente sortît du cabinet de son conseil. Ce ne fut pas sans des marques prononcées de vive impatience ; mais surtout ce qui blessa particulièrement Mme Gribeauval fut le regard dont la gratifia la nouvelle cliente.

Grande et belle, portant la tête haute, l'œil assuré, la bouche mince, c'était avec des allures de conquérante qu'apparaissait Mme Peyrolière. Partout elle se présentait en triomphatrice, et, quoique Mme Gribeauval fût certaine de la solidité des liens qu'elle avait noués autour du cœur de l'avocat, elle n'oublia pas qu'elle avait fait antichambre une heure à la porte du cabinet, par suite de la consultation d'une femme assez insolente pour la toiser en sortant.

M⁰ Thèse tenta d'expliquer la nature grave de l'affaire qui avait exigé un si long entretien.

— Votre voix n'indique-t-elle pas suffisamment votre trouble? dit Mᵐᵉ Gribeauval. Je tenais seulement à vous le faire avouer.

— Je ne comprends pas, dit Mᵉ Thèse.

Alors Mᵐᵉ Gribeauval fit une scène de jalousie à l'avocat qui, seul dans son cabinet avec la veuve, courait risque, suivant elle, d'être séduit par une cliente si provoquante.

Mᵉ Thèse chercha à se défendre.

— Vous m'avez prouvé, dit Mᵐᵉ Gribeauval, votre nature entreprenante... Que serait-il arrivé si je ne vous avais arrêté jadis? Toutes les femmes ne savent pas se défendre ainsi que moi... La conduite passée de cette dame Peyrolière, loin de prouver sa moralité, montre qu'elle est de composition facile. Elle cherche sans doute à s'introduire comme rivale dans cette maison.

Mᵉ Thèse était tellement confondu par de semblables raisons que lui, marchand de paroles qui en avait un emmagasinement si bien fourni, n'en trouvait plus à cette heure pour sa justification; pourtant cette jalousie, malgré son acrimonie, ne fut pas sans quelque jouissance pour l'avocat. Une femme jalouse dévoile l'état de son cœur. Delphine aimait véritablement ; telle était la conséquence à tirer de cette boutade, due peut-être à un état de nerfs particulier.

Me Thèse à l'avenir évita de revenir sur l'affaire Peyrolière, et le calme reprit son cours jusqu'au jour où Mme Gribeauval, entrant un matin dans le cabinet de l'avocat, le trouva au milieu de dossiers empilés sur son bureau.

— J'ai un mot à vous dire, fit la jeune femme en s'asseyant.

— Ma chère amie, je vous écoute.

— Reconnaissez-vous ceci ? s'écria-t-elle en montrant une lettre.

— Comment avez-vous ce billet ?

— Il est tombé de votre poche et ma femme de chambre me l'a apporté. Vous ne nierez pas que ce billet soit de la main de Mme Peyrolière, une simple cliente à vous entendre... Pourquoi débute-t-elle par ces mots : « Mon cher défenseur ? »

— C'est la formule habituelle des personnes dont je défends les intérêts.

— Oui, parce qu'au début, quand la femme est coquette vous faites preuve de galanterie. Eh bien, je n'aurai pas la faiblesse d'accepter une rivale; dès aujourd'hui il faut choisir entre elle et moi.

— Ma chère amie, comment pouvez-vous penser?

— Je vous ai donné mon cœur tout entier; tout entier il s'est ouvert pour vous. Et vous voulez d'abord me fermer la moitié du vôtre, puis l'autre si je ne me récriais contre les grincements des gonds... Ah! que je suis malheureuse!

— Mme Peyrolière m'est tout à fait indifférente, je vous le jure...

— Elle est jeune et jolie... Sans cette jeunesse et cette beauté, vous inquiéteriez-vous autant de son procès? Ne m'avez-vous pas confié que les affaires de votre cabinet sont en souffrance?... Ah! vous ne répondez plus... Vous vous chargez d'une cause douteuse, peu favorable à vos intérêts, quand tant d'autres qui ne réclament que peu d'études, vous les négligez... La femme la moins fine concluerait que vous avez un faible pour cette personne.

En ce moment Jacquelin, ayant frappé discrètement à la porte du cabinet, annonça Mme Peyrolière.

— Je ne peux recevoir en ce moment! s'écria Me Thèse, effrayé de la rencontre des deux femmes.

— Ce ton vous condamne, dit Mme Gribeauval; vous n'osez me faire trouver en face d'une rivale.

— Ma chère amie, je n'ai pas l'habitude, vous le savez, de recevoir deux clientes ensemble.

— Vous préférez être seul, cela se comprend. Appelez Jacquelin.

— Dans quel but ?

— Appelez-le !

— Il faudrait savoir...

— J'entends lui donner l'ordre qu'à l'avenir cette femme ne se présente plus ici.

— C'est impossible, s'écria l'avocat.

— Cela sera, je vous assure.

— Que dire à ma cliente ?

— Que sa cause étant détestable, vous êtes désolé de ne pouvoir vous en charger.

— Vraiment, cela ne se peut.

— Ainsi vous me refusez ?

— Chère amie, pensez donc...

— Tenez, dit Mme Gribeauval en s'emparant d'un dossier, voilà le cas que je fais de cette affaire.

Et elle jeta en l'air le paquet qui contenait les papiers relatifs à Mme Peyrolière.

— Arrêtez ! s'écria Me Thèse.

— Vous l'avez voulu ! reprit Mme Gribeauval en secouant un autre dossier d'où tombèrent dru comme grêle mille petits papiers sur lesquels l'avocat avait inscrit des notes.

Une telle scène ne s'était pas produite sans bruit et sans agitation.

Jacquelin, attiré par ce bruit singulier, reçut en pleine poitrine un énorme dossier lancé par Mme Gribeauval, pendant que la jeune femme, sa vengeance satisfaite, sortait par la porte du fond du cabinet, laissant l'avocat atterré.

CHAPITRE XVIII

Le bal des femmes séparées.

C'est une extrême jouissance que de se sentir aimé. Pourtant ce jour-là l'avocat se jugea trop aimé. Une si violente jalousie qui s'attaquait à d'innocents dossiers et dispersait aux quatre coins de l'appartement des milliers de notes d'un classement si difficile, terrifiait M⁰ Thèse. Aussi l'avocat, pour réfléchir à son aise, fit-il dire à Mme Peyrolière, qu'accablé d'affaires qui l'avaient empêché d'étudier ses doléances, il la priait de revenir à un autre moment.

Avait-elle été assez injuste Mme Gribeauval en accusant Me Thèse de galanteries auprès de ses clientes, lui qui ne jouissait de trêve ni de relâche dans ses travaux, lui qui s'inquiétait à tout instant de Delphine, qui n'attendait qu'un mot d'elle pour obéir, lui dont elle emplissait la vie, lui qui, même au palais, se demandait quel cadeau pouvait lui être agréable !

La déroute dans les papiers était peut-être plus troublante encore pour l'esprit de l'avocat. Quelqu'un de ses confrères pouvait-il citer un exemple semblable à celui d'une femme faisant irruption dans un cabinet judiciaire pour y jeter le trouble ? Non, jamais M° Thèse n'avait ouï parler de pareille aventure. Mais aussi était-il un autre membre du barreau qui pût se vanter d'être tant aimé ?

Cette dernière considération effaça plus d'un point noir intérieur. Toutefois il importait que Jacquelin n'allât pas jaser de l'affaire au dehors.

— Tu as fait part à Mme Peyrolière, dit-il au clerc, du retard que je suis forcé d'apporter à l'étude de son procès.

— Elle reviendra après-demain.

— Après-demain ! s'écria M° Thèse, craignant que la même scène ne se renouvelât.

Et il ajouta :

— Jacquelin, comment trouves-tu Mme Peyrolière ?

Le clerc hésitait à répondre.

— Est-ce une de ces beautés éclatantes dont une femme puisse être jalouse ?

Jacquelin souriait avec candeur.

— Parle... Mme Peyrolière répond-elle à ce caractère de beauté si expressif que chacun s'écrie : Voilà une jolie femme?

— Vous avez plus d'habitude que moi, patron...

— Je ne demande pas mon sentiment, mais le tien. Tu sais à quoi se reconnaît une jolie femme?

Jacquelin sourit.

— Eh bien, que penses-tu de Mme Peyrolière?

Le clerc avoua qu'elle pouvait faire figure au milieu des clientes qu'il avait vues défiler dans le cabinet.

— Mme Gribeauval en est excessivement jalouse.

— Je m'en suis douté en recevant en pleine poitrine le dossier qui m'a coupé la respiration.

— Nous verrons à te faire oublier ceci, mon garçon, dit l'avocat. Tu admets donc que Delphine a été piquée par la jalousie, quoique sans motifs... Elle m'aime et ne supporte pas qu'une jolie femme me confie ses peines dans le silence du cabinet... C'est flatteur, certainement; cependant je ne peux pour de tels motifs renoncer à ma carrière, abandonner les séparations de corps...

— Votre gloire! s'écria Jacquelin.

L'avocat marchait à grands pas dans son cabinet.

— Je pourrais essayer à l'avenir de plaider pour les maris.

— Que feriez-vous de vos cartons qui débordent sous le poids des qualités des femmes?

— Tu as raison, ma vie est vouée à la défense de celles qui réclament mon ministère.

— On en compterait tant de sacrifiées sans vos admirables plaidoiries.

— Il faut tourner la difficulté, dit l'avocat hésitant.

— J'ai encore coupé ce matin dans Paul de Kock un paragraphe en l'honneur des femmes, dit Jacquelin; faudra-il renoncer à ce document?

— Non, fit M⁰ Thèse. Nous en tirerons toujours parti... Range la citation dans le carton n° 5 : Qualités générales des femmes... Maintenant remets en ordre les notes de Mme Peyrolière; pour moi je vais songer à trouver un biais.

L'avocat avait jusqu'au dîner pour se retrouver avec Mme Gribeauval. S'étant fait conduire au bois, il prit une allée déserte, et marcha à grands pas comme les gens préoccupés; tour à tour son front s'assombrissait ou rayonnait, sa bouche laissait échapper des paroles de dépit ou de joie.

L'homme est double en matière de raisonnement, de même qu'il jouit de deux jambes, de deux yeux, de deux oreilles. Tout penseur promène deux avis qui se débattent et se combattent avant d'arriver au parfait équilibre qui produit la raison; mais si quelqu'un emmène en voyage le pour et le contre, n'est-ce pas plus particulièrement un amant chagrin?

Tout à coup M⁰ Thèse frappa ses deux mains l'une contre

l'autre par un geste joyeux, et ce fut avec un élan tout particulier qu'il regagna à la porte du bois sa voiture pour se faire conduire au palais, où il parla ce jour-là avec une verve sans égale.

L'audience terminée, M⁰ Thèse se rendit dans un magasin de nouveautés, où il acheta une étoffe merveilleuse en recommandant qu'elle fût portée aussitôt chez Mme Gribeauval.

Il s'agissait de faire oublier la scène du matin à la jeune femme, et ce ne fut pas sans émotion que l'avocat sonna à la porte de Delphine, se demandant si le cadeau avait adouci son humeur.

L'accueil de prime abord fut froid, et M⁰ Thèse sentit fondre son enthousiasme.

— Chère amie, dit-il, avez-vous reçu... ?

— Ah ! cette robe, fit négligemment Mme Gribeauval, à quoi bon ?

— Pour faire merveille au prochain bal que je donne, et dont voici les lettres d'invitation.

— Vous comptez sans doute recevoir Mme Peyrolière ?

— Ma chère Delphine, je donne ce bal pour vous seule et vous devez en être le plus bel ornement.

— Avez-vous invité Mme Peyrolière ?

M⁰ Thèse ne répondait pas.

— Parlez donc... Mme Peyrolière assistera-t-elle à votre soirée ?

— Ma chère amie, toutes mes clientes y seront... Il était difficile de faire une exception...

— Vous allez écrire à Mme Peyrolière que votre soirée est remise.

— Vraiment, je ne le puis.

— Il le faut, je l'exige.

Me Thèse baissait la tête.

— Prenez garde ! s'écria Mme Gribeauval.

En ce moment se révélait le caractère impérieux de la jeune femme, dont Me Thèse essayait d'adoucir les angles par des protestations et des serments ; mais les amabilités de l'avocat ne portaient pas et se brisaient contre la volonté de Mme Gribeauval.

Ce pénible état de choses dura plusieurs jours, au grand dépit de l'avocat, ne comprenant pas que les visites d'une cliente pussent donner naissance à une bouderie si prolongée. Toutefois les préparatifs de la soirée continuaient. La robe avait été confiée à une couturière en renom et la femme de chambre, prenant pitié des perplexités de Me Thèse, lui avait dit :

— Madame veut se faire belle.

Les jolies femmes n'ont pas l'habitude de se montrer au bal avec des yeux courroucés. L'avocat espéra que cette longue brouille se terminerait en face du succès qu'il préparait à la jeune femme. Timidement il lui en toucha quelques mots.

— Vous ne me connaissez pas, monsieur, dit-elle; j'ai assez d'empire sur moi-même pour ne pas dévoiler au monde ces misères intimes.

Aussi bien M·me· Gribeauval ne devait pas apparaître à la soirée en qualité de maîtresse de maison. Les fonctions de M·e· Thèse l'empêchaient de donner à ses confrères l'exemple d'une liaison si publique. Sous peine d'être rayé du tableau, un avocat ne peut se montrer concubin.

Le jour du bal, M·me· Gribeauval prit place au milieu de la société un peu mêlée des autres femmes; les maris étaient généralement absents, l'avocat ayant pour habitude de n'inviter que les dames pour lesquelles il avait plaidé.

C'étaient des bals attendus avec impatience par la jeunesse du barreau, car ces personnes, quoique séparées de leurs maris ne se rasaient pas les cheveux et laissaient leurs chagrins, si elles en avaient, au vestiaire avec leurs manteaux.

On dansait jusqu'à la fin de la nuit chez M·e· Thèse. Plus de ces tyrans qui, sans s'inquiéter des contredanses promises, enlèvent leur femme à d'empressés cavaliers; si quelques mamans accompagnaient les danseuses, c'étaient de vieilles dames complaisantes qui compatissaient à des chagrins passés et ne se gendarmaient en rien contre les compensations que leurs filles trouvaient à l'extérieur.

L'arrivée de M·me· Gribeauval fut saluée d'un murmure

flatteur par les invités dont quelques-uns cherchaient à reconnaître si elle était la même personne masquée qui leur avait offert le thé. La toilette de la jeune femme était ravissante et attirait les regards jaloux de ses voisines. Il n'y avait guère que Mme Peyrolière qui pût lui disputer le titre de reine du bal.

Avec moins d'apparence brillante Mme Gribeauval offrait toutefois plus de piquant.

Les habitués du salon ne se rappelaient pas avoir jamais vu une femme séparée si tentante. Binocles et lunettes étaient braqués sur l'endroit où se tenait Delphine, au milieu d'un cercle de galants. Chacun essayait de fendre la foule pour obtenir une danse; personne ne trouvait de trop gracieux sourires pour plaire à Mme Gribeauval, et Me Thèse, qui recueillait une partie des triomphes de son amie, fut consolé d'avoir été trop aimé depuis quelques jours.

Jacquelin pour la première fois portait l'habit numéro deux bis; il n'avait pas assez de ses deux yeux pour contempler les femmes qu'il avait vues sangloter dans le cabinet de son patron, et qui maintenant se montraient dans tout leur éclat comme si elles n'avaient jamais pleuré de la vie. Grâce à cet habit numéro deux bis, Jacquelin, jeune encore et plein d'illusions, ne se rendait pas compte que sa cravate blanche ressemblait à un mouchoir de poche; de même il oubliait que l'on pouvait se mirer sur les ge-

noux de son pantalon, et, ses souliers, quoiqu'ils fussent
à la Molière, ne pouvaient lutter avec les escarpins vernis
des stagiaires.

La seule récrimination de Jacquelin contre sa toilette
était que les gants blancs nettoyés dont lui avait fait cadeau Mᶜ Thèse étaient un peu larges ; mais le clerc avait
imaginé de passer sa main droite dans le plastron de
l'habit numéro deux bis, et d'agiter négligemment de la
main gauche l'autre gant blanc, afin qu'il fût bien établi
que lui, Jacquelin, avait été vu avec des gants blancs.

Se tenant dans l'embrasure de la porte d'entrée, le
clerc prélevait une forte dîme sur les gâteaux et les
rafraîchissements qui passaient : on eût dit que Jacquelin
n'avait pas dîné, et un tel engloutissement le poussait à
arroser fréquemment de punch ces pâtisseries.

Une longue banquette partant d'un angle du salon se
prolongeait jusqu'à la porte de l'antichambre. Sur cette
banquette étaient assises des femmes ayant un caractère
de dames chaperonnesses ; elles avaient, en effet, été
amenées à ce titre. La plupart de ces chaperons offraient
un âge respectable ; sur quinze dames assises sur la banquette, on eût pu, en additionnant les âges, obtenir au
moins une demi-douzaine de siècles.

Toutefois, entre celles-là se remarquait une certaine
dame Éléonore Paradis, jadis célèbre par sa belle prestance et surtout l'harmonique développement de sa poi-

trine, que quinze ans auparavant un poëte avait chantée sous le titre des *globes d'Éléonore*.

Cette image resta proverbiale, le poëte ayant été poursuivi comme complice de la belle Éléonore dans une action correctionnelle intentée par un mari plein de préjugés qui n'admettait pas que les beautés de sa femme fussent chantées par un Pétrarque. De même que la fameuse Laure, dont à tort la postérité a fait une créature frêle et idéale, M*me* Paradis d'une excessive opulence en carnation, faisait montre volontiers de ses bras, de ses épaules et de sa poitrine. Également la figure avait été atteinte par un débordement considérable de santé; mais si l'ensemble un peu mouvant des beautés d'Éléonore faisait penser à l'agitation des flots, des yeux coquins, sous lesquels se dessinait la patte d'oie des plaisirs, des chairs roses et surtout une bouche aux angles retroussés témoignaient combien avait dû être heureux le poëte admis jadis à chanter les charmes de la belle Éléonore.

Au huitième verre de punch, Jacquelin rencontra le regard de M*me* Paradis, qui était tout à fait bienveillant. Les yeux du clerc ne s'arrêtèrent pas là. Ce fut comme un voyage de découvertes à travers les montagnes. Arrivé aux globes, Jacquelin baissa la tête, sentant une singulière rougeur gagner ses joues et toute sa personne. Pourtant le clerc connaissait M*me* Paradis : en l'absence de son patron, il avait reçu maintes fois la confidence de ses chagrins matrimoniaux; mais Jacquelin n'avait jamais soupçonné l'appétissante créature dont le bal montrait les charmes en pleine lumière.

Quand le clerc releva la tête, Éléonore lui envoya un sourire amical qui troubla profondément Jacquelin. Il lui sembla que Mme Paradis l'appelait près d'elle. Le punch qui bouillonnait dans les veines du clerc le conduisit, plutôt que ses jambes, vers Éléonore.

— Vous ne dansez pas, monsieur ? lui dit-elle d'un ton familier.

Jamais Jacquelin n'avait entendu un timbre de voix si délicieux.

— Je n'ose, murmura-t-il.

— Encore timide à votre âge ! reprit Mme Paradis. Vraiment, vous vous moquez...

Cela était prononcé si doucement et par une bouche si souriante que Jacquelin crut entendre un ange lui parler. Oui, Mme Paradis était bien nommée : elle semblait en descendre.

— Il faut un peu de hardiesse dans le monde, mon enfant, ajouta Éléonore.

Jacquelin pensa se trouver mal de bonheur. Il avait été appelé « mon enfant » par une femme séduisante dont la peau rose et satinée lui communiquait des flammes étranges. Pour la première fois le clerc était remarqué; pour la première fois une femme lui faisait signe de s'asseoir à ses côtés ; pour la première fois il entendait la douce musique féminine s'échapper d'un instrument d'une si appétissante enveloppe.

Mille paroles bizarres tressautaient en foule dans la poitrine de Jacquelin. Il lui semblait qu'il allait tomber aux pieds d'Éléonore en lui prenant la main, et qu'alors il lui serait permis d'étaler d'immenses trésors de tendresses dont jusqu'alors il n'avait pas eu conscience. En ce moment le clerc ne voyait ni les hommes ni les femmes, et quoiqu'une fièvre inconnue se fût emparée de lui, il ne songeait plus aux rafraîchissements. Une atmosphère lumineuse emplissait le salon et enveloppait les invités dans une sorte de lumière féerique : comme la marche turque de Mozart dont les cymbales marquent discrètement la mesure dans le lointain, l'orchestre faisait entendre des sons féeriques et voilés.

Jacquelin se croyait seul près d'Éléonore, séparée des autres invités par des vapeurs d'or. Le clerc prit son courage à deux mains :

— Je danserais bien avec vous, dit-il à M°° Paradis.

L'aimable femme sourit de la formule d'invitation.

— Y pensez-vous, mon enfant ! dit-elle. Je passerais pour votre mère.

— Je vous en prie, murmurait Jacquelin.

Et il prit les mains d'Éléonore.

— Mais... vraiment !... s'écria-t-elle d'un ton de fauvette émue en baissant les yeux, pendant que souriait sa jolie bouche.

— Un vis-à-vis ? demanda un danseur en s'adressant au clerc.

Jacquelin regarda Éléonore avec des yeux suppliants.

— On ne peut rien vous refuser, fit Mme Paradis.

Ce qui se passa pendant la première figure du quadrille, Jacquelin ne s'en rendit pas compte. Il dansait le pas du vertige, savait à peine si ses jambes le portaient, et inconsciemment obéissait aux avis de sa danseuse, qui, d'un ton affectueux lui soufflait : *avant-deux, traversez, donnez la main*. Il semblait cependant au clerc qu'autour de lui s'étaient formés des groupes du sein desquels s'échappaient d'encourageants applaudissements. Ces applaudissements ne s'adressaient pas à Jacquelin, mais à son partenaire du quadrille. Si le clerc n'avait pas été absorbé tout entier dans la contemplation des charmes d'Éléonore, il eût remarqué l'étrange cavalier qui l'avait prié de lui faire vis-à-vis.

C'était un être pâle et maigre, avec une barbe descendant jusqu'au milieu de la poitrine et des moustaches particulièrement extraordinaires dans un bal composé de gens de palais. Un habit noir boutonné jusqu'au menton, une cravate de satin blanc dont les pointes s'étalaient négligemment sur les revers de l'habit, l'impertinence familière avec laquelle il se posait en face de Mᵐᵉ Gribeauval, le firent remarquer tout d'abord.

Ce n'était certainement pas un avocat que ce danseur aux allures bizarres ; aussi tous le regardaient-ils de côté, enviant les énormes moustaches qui se confondaient avec la longue barbe, la cravate négligemment enroulée autour du cou, les cheveux hagards, qui donnaient à l'inconnu une de ces têtes d'expression telles qu'il s'en voit seulement en peinture.

L'homme était pâle, maigre, légèrement fatal ; à peine les premières mesures du quadrille, cette fatalité, cette maigreur, cette pâleur firent place à une souplesse d'autant plus excentrique que jusque-là les danseurs avaient marché plutôt que dansé le quadrille.

La chorégraphie de l'inconnu mêlée de quelques dislocations inspira d'abord de certaines inquiétudes au groupe de curieux qui faisaient cercle. L'assistance devait-elle approuver des pas d'un style si particulièrement antiacadémique ?

Les sourires de Mᵐᵉ Gribeauval donnèrent le ton ; en un instant la glace fut rompue, et l'inconnu recueillit à l'avant-deux de la contredanse des murmures flatteurs que dans son trouble le naïf Jacquelin croyait adressés à ses débuts.

Ce fut alors que Mᵉ Thèse apercevant un groupe épais autour du quadrille, s'avança pour se rendre compte de l'animation particulière qui régnait dans ce coin de l'appartement.

— Quel est ce monsieur? lui demandèrent divers invités.

— Le poitrinaire! s'écria M⁰ Thèse en reconnaissant Tempête.

Ce mot circula dans les groupes : Le poitrinaire!

A ce moment Tempête, excité par les murmures flatteurs de la foule, exécutait la figure du cavalier seul dans une pastourelle bizarre où, faisant la roue sur ses mains, il agitait ses pieds en l'air comme pour rendre hommage à sa danseuse.

— Je le croyais mort! pensa M⁰ Thèse.

Tempête mort, il ne le prouvait guère en ce moment, tant son corps se livrait à de singuliers déhanchements !

Ce qui acheva de prouver la vitalité de Tempête fut le galop de la fin. Tenant Mme Gribeauval étroitement serrée contre sa poitrine, il s'élançait comme une trombe contre Jacquelin qu'il menaçait de renverser avec Éléonore, traversait le salon plus rapidement qu'un cheval emporté, piaffait des jambes et laissait dans la mémoire des gens de palais le souvenir d'une ombre crachant ses poumons à l'audience correctionnelle, et qui, à cette heure eût renversé un régiment dans l'ardeur de sa danse impétueuse.

Soucieux, M⁰ Thèse se retira à l'écart

Comment un homme qu'il n'avait pas invité osait-il se présenter dans son salon ?

Tempête se promenant d'un air triomphal au bras de Mme Gribeauval, faisait alors le tour de l'assemblée pendant que sa danseuse se penchait vers lui avec un doux sourire, comme pour le remercier de lui avoir procuré une telle ovation pendant le quadrille.

Me Thèse, plein de confusion d'avoir été joué de la sorte, voulut échapper à cette rencontre. Le poitrinaire était un faux poitrinaire ! Nul doute que le peintre qui ne peignait jamais eût, le jour de l'audience, mis en jeu toutes les ressources de sa palette pour se donner la figure d'un agonisant. Et lui Me Thèse avait cru à cette comédie ! Et Mme Gribeauval, après s'en être rendue complice, poussait la hardiesse jusqu'à donner aux confrères de l'avocat le secret de sa confusion !

Il fallait à cette heure montrer du caractère, prouver que le maître de la maison n'était pas un jouet, expulser celui qui venait le narguer en face. Me Thèse était tout à à fait résolu.

Il se sentit frapper sur l'épaule et se retourna.

— Eh bien ! dit Tempête en lui tendant la main, avez-vous assez coupé dans le pont ?

Quoique cet horrible langage de rapin le révoltât, l'avocat n'osa refuser sa main au peintre. C'eût été se donner en spectacle aux invités.

Comme les curieux s'approchaient pour contempler de plus près l'excentrique Tempête.

— Je vous félicite, monsieur, de votre retour à la santé, dit M⁰ Thèse.

— Qui croirait que notre pauvre ami a été si gravement malade? reprit Mme Gribeauval.

Et se penchant à l'oreille de M⁰ Thèse, la jolie femme ajouta :

— Admettez-vous maintenant qu'il eût mieux valu ne pas vous obstiner à vous occuper de l'affaire de Mme Peyrolière ?

CHAPITRE XIX

Le deuil d'Éléonore.

Mᵉ Thèse, qui craignait les conséquences de cette soirée, entretint longuement ses confrères des caprices de Tempête, ce qui n'empêcha pas les malins propos de circuler au palais; dès lors l'affaire Gribeauval devint une sorte de cause grasse dont le souvenir déridait même les magistrats enclins aux douleurs d'entrailles. (On sait combien les viscères abdominaux se vengent d'être condamnés à une longue fréquentation des fauteuils.)

Mᶜ Thèse avait trop prêté le flanc en cette circonstance. Le bal des femmes séparées fut remis sur le tapis, ce bal qui avait offert aux curieux le spectacle d'un poitrinaire dansant un cancan échevelé.

On rencontre en tout lieu, à la ville comme à la cour, des êtres d'apparence assez modeste pour ne point se mettre en avant: ils sont polis, parlent rarement et se tiennent dans des coins, presque aussi muets que les meubles. Ces gens ont des oreilles et des yeux; ils voient et ils entendent. Quand ils n'entendent pas, ils devinent : un geste, un coup d'œil leur en apprennent plus que des confidences. Les replis qu'ils ont fait longtemps sur eux-mêmes, l'étude de leurs propres sensations comprimées, leur donnent la clef des sensations les plus-intimes de leurs semblables. Ils voient là où commence l'obscurité pour les autres, entendent voler une mouche, et sont reconnaissables à des lèvres minces, fermées comme un tombeau ; pourtant ces lèvres si bien scellées s'ouvrent à quelques amis, et le bulletin d'observations recueillies dans divers endroits s'échappe en quelques mots brefs mais instructifs pour ceux qui, mêlés à l'action, n'ont pu s'inquiéter des détails.

Mᵉ Thèse avait invité un de ces observateurs dangereux (on en compte au moins un dans chaque réunion). La stupéfaction de l'avocat ne put échapper à ces yeux scrutateurs. Et quoique Mᵉ Thèse tentât de faire croire à un divertissement organisé par lui pour rompre la monotonie habituelle d'un bal, l'opinion publique, mise en défiance par un témoin attentif, n'admit pas l'intervention d'un émule de Clodoche.

L'avocat fut déclaré victime de Mme Gribeauval ; ses confrères le plaignirent, mais se demandèrent si les danses de Tempête, que les sergents de ville n'eussent pas tolérées dans un bal public, étaient convenables dans le salon d'un membre du barreau.

De même que les pique-assiettes de profession dénigrent les tables où ils se remplissent l'estomac, la morale était invoquée par ceux-là qui avaient trouvé des jouissances dans cette société un peu mêlée. Les flâneurs de la salle des Pas Perdus récriminaient sur l'inconvenance d'un avocat plaidant habituellement la cause des femmes, et qui les tirait de la retraite où elles devaient expier leurs fautes, pour leur donner à danser.

Faire montre de bonne fortune inspire aux hommes des jalousies qui ne sont pas sans rapport avec celles des femmes entre elles. Ces groupes de femmes séparées par autorité de justice, se réunissant en partie de plaisir dans les salons d'un célibataire, semblaient comme un étalage de conquêtes auxquelles le mystère manquait, depuis l'époque surtout où Me Thèse était venu au palais accompagné de Mme Gribeauval, qui l'attendait sur la place du Palais-de-Justice, à la sortie de l'audience, dans un fiacre dont, pour la forme, un rideau au moins eût pu être tiré.

Celui qui bâtit une maison sur le bord d'un chemin doit s'attendre à beaucoup de critiques, dit un proverbe. Me Thèse eût compris la vérité de ce dicton si Jacquelin lui-même, depuis le bal, n'avait eu l'esprit troublé. Grand fureteur et grand discuteur au palais, le clerc, au courant par ses camarades de la petite gazette des Pas Perdus, recueillait d'habitude tout ce qu'on disait de son patron, et en cette circonstance il n'eût pas manqué de l'avertir des propos qui se tenaient sur son compte ; mais à cette heure Jacquelin, lui aussi, était pris dans les filets de l'amour.

Vivement encouragé à ses débuts par Mme Paradis, Jacquelin, à la suite de la contredanse, en avait sollicité une autre, puis une polka ; toute la nuit, malgré sa gaucherie, il avait dansé avec la seule Éléonore, sans s'inquiéter des usages du monde.

Entre les danses, Mme Paradis provoquait le babillage du clerc, lui faisait conter sa vie, et s'intéressait, disait-elle, à lui comme une mère.

Les affaires de procédure n'étant pas encore éteintes par la séparation de corps, la dame suppliait Jacquelin de l'aider de ses conseils, et même de venir le lendemain étudier ses papiers.

Jacquelin accepta avec joie. Il se sentait actuellement plus que le clerc de son patron ; il devenait le protecteur d'une femme malheureuse, et les détails qu'il entendait lui semblaient particulièrement agréables, sortis d'une jolie bouche à laquelle deux yeux d'un bleu tendre et doux venaient en aide.

La soirée avait duré jusqu'à six heures du matin. Jacquelin ne put dormir. Sans cesse l'image de Mme Paradis s'offrait aimable et provocante aux yeux du clerc; dans ses oreilles vibrait un son de voix féminine plus pur que le cristal.

Le lendemain, les émotions de la soirée, jointes à une certaine absorption de punch, avaient déterminé chez l'amoureux un violent mal de tête. Ses tempes battaient encore plus que son cœur; et il fallait se rendre au rendez-vous d'Éléonore !

Lentement le clerc prit le chemin des Champs-Élysées, pour rafraîchir à l'air son cerveau qui brûlait. Il arriva ainsi au logis de Mme Paradis, et ne fut pas peu surpris de trouver en habit de deuil son aimable danseuse de la veille.

Toutefois la robe noire était assez décolletée pour que la porte des trésors admirés dans la nuit précédente par Jacquelin fût entr'ouverte.

Mme Paradis était assise devant une table chargée de dossiers, et le clerc ne retrouva pas dans cette figure grave le sourire de la femme que, pendant la valse, il lui avait été permis de presser tendrement.

—J'ai dû vous paraître bien légère, monsieur, dit Éléonore d'un ton de veuve éplorée; aussi le reste de la nuit s'est-il passé à me repentir d'avoir assisté à une fête d'où mes chagrins auraient dû m'éloigner.

Jacquelin se sentit intimidé. Ne devait-il pas porter la moitié de cette faute ? Comme il ne disait mot :

— Et vous, mon enfant, n'êtes-vous pas bien fatigué vous-même ?

Le clerc pencha la tête sans répondre.

— Je me repens maintenant, dit Mme Paradis, d'avoir accepté votre offre affectueuse de mettre en ordre mes papiers. Les femmes ont le cœur tellement sensible que, quand elles voient une lueur de sympathie pour leurs chagrins, elles ne se demandent pas s'il y a indiscrétion à en profiter... Ce bal qui s'est trop prolongé ne vous laisse sans doute pas la liberté d'esprit nécessaire pour chercher dans ces papiers ceux qu'il me coûte tant de retrouver... Voulez-vous que nous remettions ce travail à la semaine prochaine ?

Jacquelin répondit qu'il n'était pas certain de disposer de son temps plus tard, et qu'il était venu avec l'intention de travailler.

— Merci de votre dévouement, cher enfant, dit Mme Paradis en prenant la main du clerc. Mais votre peau est brûlante !... Vraiment je crains qu'une recherche dans ces dossiers ne soit au-dessus de vos forces.

Jacquelin secoua la tête en signe d'assentiment.

— Pauvre, pauvre enfant ! s'écria Mme Paradis en étalant les dossiers sur la table où s'appuyait le clerc.

Jacquelin faisait de vifs efforts pour ouvrir des yeux battus par la migraine.

— Voici, dit Éléonore la liasse contenant mes griefs contre celui qui m'a rendu si malheureuse.

Elle poussa un profond soupir.

— Un jour, reprit-elle, mon enfant, vous connaîtrez à fond l'histoire de ma vie. Je ne veux pas vous attrister aujourd'hui par de tels détails... C'est ce qui vous explique les vêtements de deuil que je n'ai pas quittés à l'intérieur depuis cette séparation... Ah! les hommes sont cruels!... Mais à quoi bon ces plaintes qui ne peuvent vous intéresser!

— Pardon, madame, fit Jacquelin, s'efforçant de suivre la conversation.

— Je me doutais de votre sensibilité, cher enfant; vous êtes encore à l'âge des illusions... vous n'avez rien de commun avec des êtres trompeurs... Mais vos yeux se ferment... Souffrez-vous?

Jacquelin avoua qu'une migraine violente s'était emparée de son cerveau.

— Que ne le disiez-vous, mon enfant? Je connais un remède certain et je veux vous guérir.

Mme Paradis, s'étant levée, passa derrière le fauteuil du clerc.

— Ne parlez pas, dit-elle.

Pendant un instant, tous deux restèrent sans prononcer

une parole, Jacquelin se demandant à quelle singulière occupation se livrait Éléonore. Emu, le clerc sentait une étoffe appuyée contre le dossier du fauteuil; sa curiosité redoubla quand deux mains douces et fraîches se posèrent comme un bandeau sur son front brûlant. Ces mains semblaient attirer à elles le feu du cerveau. Pas un souffle pendant cette opération, rien que les battements d'un cœur moelleusement étoffé qui, appuyé contre le dos du jeune homme, le remuaient jusqu'au plus profond de son être.

Jacquelin respirait à peine. La douce fraîcheur qui entrait par les tempes lui communiquait une sorte d'extase. Quelque chose de frais succédait spontanément à un mal persistant. Tout à l'heure, les artères du cerveau battaient douloureusement; ces souffrances étaient remplacées par d'ineffables battements d'un cœur double pour ainsi dire, car Jacquelin crut voir se réaliser l'assemblage de cœurs qu'il avait vus représentés symboliquement par la gravure, accolés l'un à l'autre par la même flèche et voltigeant dans le pur éther.

Le boudoir était petit, protégé contre la trop vive lumière du jour par des rideaux épais dont les plis se rejoignaient lourdement; de tendres et délicates odeurs emplissaient ce réduit où ne parvenaient nuls bruits du dehors. Jacquelin n'entendait que les battements de deux cœurs géminés; mais surtout les effluves produites par les mains d'Éléonore communiquaient au clerc des sensations rafraîchissantes comme l'eau d'une fontaine.

— Souffrez-vous encore, cher enfant ? murmura une voix qui entra dans son oreille comme un souffle paradisiaque.

Jacquelin se crut alors le jouet d'un rêve délicieux. Quittant son front, les mains de Mme Paradis s'emparèrent des siennes. Les yeux dans les yeux de celle qui avait tant souffert, il lisait d'inexprimables tendresses. Le boudoir semblait un nid où se faisaient entendre des roucoulements de tourterelles : tendres reproches, douces remontrances à propos d'audaces de lui, Jacquelin, qui ne s'était jamais senti si audacieux.

Combien de temps avait duré la guérison, l'amoureux n'eût pu s'en rendre compte. Il se retrouva dans les Champs-Élysées à l'état d'âme impalpable.

Hommes, chevaux, voitures frôlaient le clerc sans qu'il y prît garde. Il était sous le coup de tendres visions qui n'appartenaient en rien au monde réel. Le bonheur s'échappait par tous les pores de Jacquelin, un bonheur intérieur qui colorait chaque objet d'admirables teintes et derrière chaque nuage lui faisait apparaître le ciel.

Ce fut ainsi que le clerc arriva à l'étude, craignant de rencontrer son patron, car Jacquelin, transfiguré et devenu nouvel homme, était pris du besoin de s'écrier : J'aime ! je suis aimé !

Mᵉ Thèse n'était pas à son cabinet ; mais il avait laissé sur le pupitre du clerc des dossiers à analyser. La vue de ces papiers fut désagréable à Jacquelin ; il se sentait enlevé à ses rêves. Le rose qui emplissait ses yeux était froissé par de tels grimoires ; ses pensées d'azur, il fallait les oublier pour se préoccuper de désagréables formules judiciaires. Tout à l'heure il disait *mon amie* ; il s'agissait maintenant de grossoyer contre le *sieur un tel*. Au lieu d'un accord parfait entre deux âmes, ne plus trouver que d'amères récriminations entre l'homme et la femme ! Un nid d'amour transformé en un nid à procès ! Là-bas de tendres gazouillements qui signifiaient félicités, gages d'amour, promesse de se réunir, ici des serpents qui sifflaient haine, dommages-intérêts, rupture, solitude amère.

Jacquelin maintenant hésitait à plonger sa plume dans un encrier, qui lui semblait la source empoisonnée où l'homme trempe les flèches destinées à transpercer l'union et le bonheur. Les yeux à demi fermés, il évoquait de nouveau les mains de l'enchanteresse Eléonore, qui, en embrasant son cœur, avaient rafraîchi son cerveau.

Ces doux souvenirs n'étaient pas effacés le lendemain, et Mᵉ Thèse eût certainement remarqué un tel état, si lui-même n'avait pas été préoccupé par les soucis que lui causait Mᵐᵉ Gribeauval.

Au palais on avait parlé, d'un ton railleur qui inquiéta

l'avocat, de la singulière entrée de Tempête dans le bal. Certaines gens qui recherchent particulièrement les malignités, appuyaient sur la guérison spontanée d'un poitrinaire dont l'aspect morbide avait décidé de la perte du procès de M. Gribeauval.

— Fameux tour que vous avez joué à votre adversaire ! disait-on à M⁰ Thèse.

Les juges n'aiment pas les plaisanteries. L'avocat craignait que le bruit de cette aventure ne lui fît perdre l'oreille de la magistrature, cette oreille rétive fermée à tant de ses confrères. Etre accusé d'avoir choisi la sixième chambre pour théâtre d'une farce dans laquelle lui, M⁰ Thèse, avait joué aux magistrats un tour de Scapin, était une de ces accusations qui toute la vie pèse sur une réputation et peut détruire en un clin d'œil un ministère auquel l'avocat se cramponnait de plus en plus.

On ne se défend pas contre une calomnie, encore moins contre une malice piquante. Quoique le barreau et le parquet s'entendent médiocrement et ne vivent pas dans le même cercle, il était certain que cette invention grotesque du poitrinaire, répétée par tous les échos de la salle des Pas Perdus, franchirait les portes de la chambre du conseil.

M⁰ Thèse, pour conjurer le danger, pouvait-il se présenter chez les juges qui avaient rendu l'arrêt Gribeauval et leur dire : « J'ai été victime de ma cliente ; elle m'a amené un moribond très-bien portant: je me repens, messieurs, de la naïveté avec laquelle, croyant à cette supercherie, j'en ai fait la base d'une plaidoirie qui a obtenu le plus grand succès devant vous. »

Un avocat peut s'avouer à lui-même une mystification dont il a été victime ; il ne convient pas d'exposer la magistrature aux railleries qui en résultent. Comment expliquer d'ailleurs le rôle de Mme Gribeauval pendant cette soirée néfaste? Convenait-il de rendre tout à fait public que l'avocat donnait des fêtes pour le plus grand divertissement de celles qui, quoique ayant gagné leurs procès contre des maris désagréables, n'en conservent pas moins aux yeux de la justice un fâcheux vernis?

De ce côté, Me Thèse était perplexe ; il ne l'était pas moins vis-à-vis de Mme Gribeauval, qui maintenant recevait habituellement Tempête à sa table, et, de concert avec le peintre, ne cessait de railler l'avocat.

A son tour, Me Thèse se sentit mordu par les serpents de la jalousie. Tempête était laid, grossier, commun; il avait pourtant pris possession de l'esprit de la jeune femme, qui accueillait les plaisanteries les plus vulgaires du peintre avec un sourire.

Ce Tempête chaque jour devenait de plus en plus insupportable par son laisser-aller. Il s'étalait sur les divans tout de son long suivant le sans-gêne américain, allumait une cigarette à table entre chaque service, comme les Normands buvait un verre d'eau-de-vie pour faire un trou, et quand il cessait de conter les histoires du café de Suède, c'était pour ne parler que de lui, car le peintre regardait l'humanité comme particulièrement préoccupée de ses faits et gestes. Surtout Tempête donnait carrière à ses sarcasmes quand il parlait des membres du barreau. M° Thèse ne comprenait pas que M™° Gribeauval eût donné si beau jeu à ce détracteur de la toge, en l'introduisant dans un bal où il disait n'avoir rencontré que de bourgeoises caricatures.

Le feu roulant d'épigrammes de mauvais goût contre un corps auquel M° Thèse appartenait, devait nécessairement atténuer à la longue l'admiration de celle que l'avocat se plaisait à entretenir de la grandeur de l'ordre et de sa puissance.

Plus d'une fois M° Thèse songea à se défaire du peintre à prix d'argent; car il fallait enlever M™° Gribeauval à cette influence démoralisatrice.

Ces soucis eurent pour résultat de laisser quelque tranquillité à Jacquelin. Trop de déboires eussent fatigué l'avocat, s'il eût constaté à cette heure l'insouciance du clerc pour les affaires.

CHAPITRE XX

Jacquelin défenseur des femmes.

Habituellement Jacquelin remettait à son patron un tableau des mariages importants de la huitaine, relevés dans les mairies. Comme ces notes devenaient de plus en plus rares, M° Thèse fit venir un matin le clerc dans son cabinet et lui demanda les causes de cet arrêt.

— Il me semble, dit-il, qu'il se produit une baisse dans les mariages.

— Considérable, répondit Jacquelin; c'est ce qui explique la cause de la dépopulation dont se préoccupent les économistes.

— Que m'importent les économistes? tu n'as pas à t'inquiéter de leurs systèmes... Je dis que les séparations deviennent rares.

— Toujours par la même cause, cher maître. La rareté des mariages témoigne qu'ils ne se font actuellement qu'à bonnes enseignes. Les dots sont mieux équilibrées, les âges plus en rapport, les caractères en meilleure harmonie...

L'avocat haussa les épaules.

— L'homme, continua Jacquelin, chérit davantage sa compagne; la femme reconnaît la supériorité de l'homme. Il entre plus de raison dans le mariage, et moins de séparations par conséquent.

— La femme a donc sensiblement changé? s'écria M° Thèse.

— Elle a plus conscience de ses devoirs, fit Jacquelin.

— Allons donc !

— Elle montre plus de dévouement pour son mari.

— Plaît-il ? fit M° Thèse d'un ton sarcastique.

— Reconnaissante de la liberté dont se prive l'homme pour la partager avec elle....

L'avocat haussa les épaules.

— La jeune fille, dit Jacquelin, n'est plus traînée par l'homme au pied des autels.

— Je le crois bien... Les jeunes filles iraient en dansant.

— L'éducation donnée aux femmes étant plus substantielle...

— Des bêtises! s'écria l'avocat.

Sans s'inquiéter de ces interruptions, Jacquelin reprenait :

— Aujourd'hui les femmes sont plus aptes à comprendre leur mission...

— Elle est jolie, la mission des femmes !

— Leur inépuisable tendresse...

— Pourquoi pas leur inaltérable douceur de caractère ?

— Les trésors d'affection qu'elles portent en elles,... continua Jacquelin.

— Tu as trouvé cela dans le carton numéro cinq ?

— Rendent plus doux à l'homme le sentier raboteux de la vie.

— Tu parles comme un perroquet.

— Ces anges de délicatesse...

— Tu pourrais dire de scélératesse.

— Entr'ouvrant un coin du ciel...

— Traduis par l'enfer et tu parleras raisonnablement.

— Et rasséréné, l'homme entreprend de grandes choses à l'aide de la femme.

— A moins qu'il ne soit étouffé par son étreinte diabolique.

Le clerc continuait toujours.

— Les contempteurs de la femme, ceux qui ont le cœur verrouillé...

— En voilà assez, Jacquelin.

— Se confondent en médisances empoisonnées...

— Te tairas-tu ?

— Mais le venin qu'ils lancent contre le sexe...

— Tais-toi, te dis-je.

— La bave dont ils salissent les femmes...

L'avocat, hors de lui, frappa du poing sur le pupitre avec un juron formidable qui arrêta Jacquelin dans son panégyrique.

— Voilà assez de mauvaises raisons.

— Maître, j'ai étudié vos discours.

— Je n'ai pas besoin de les entendre une fois de plus. T'ai-je jamais recommandé d'employer mes propres expressions, cela est bon à la barre ; mais, entre nous la femme est un abîme de perversité.

— Cependant les cartons un à dix-sept, reprit Jacquelin, sont bourrés de qualités féminines extraites des meilleurs auteurs.

— Si j'avais dressé un bilan des défauts des femmes, ce ne seraient pas dix-sept cartons, mais cent mille qu'il faudrait remplir.

— J'ai cru à votre enseignement, fit Jacquelin.

— Excellent en théorie, dangereux à la pratique... Et si jamais tu te laissais prendre par une femme...

En ce moment on frappa trois coups discrets à la porte du cabinet. Jacquelin rougit jusqu'aux oreilles. Alors apparut Mme Paradis.

A la vue de l'avocat, Éléonore éprouva quelque trouble.

— Je venais, dit-elle, pour...

— Votre mari, madame, vous suscite-t-il de nouvelles tracasseries? demanda Me Thèse.

— Ma vie passée dans les larmes n'arrête pas sa fureur... Il me fait subir mille inquisitions.

— Qu'y puis-je? reprit l'avocat.

— De chacun des membres de ma famille il m'a fait un ennemi...

— Sans doute, fit Me Thèse en secouant la tête.

— Ma fille, que par décision du tribunal on devait m'amener une fois par semaine, je suis quelquefois un mois sans la voir... Elle me reconnaît à peine.

— Il faut adresser une requête au procureur impérial.

— Mes domestiques sont achetés par mon mari.

— Faites des sacrifices, madame, ils se tairont.

— Mes relations amicales sont épiées, commentées, traduites en mauvaise part... Je n'ai plus de protecteur dans la vie... Oh! que je suis à plaindre!

— Telles sont malheureusement, s'écria Me Thèse, les conséquences de la séparation de corps, conséquences funestes et déplorables à tous égards! La femme avide de liberté s'imagine que le tribunal en rendant son jugement lui donne la volée. Séparée de son mari, c'est une perdrix qui a l'aile cassée par le coup de fusil du chasseur... Je voudrais pouvoir, quand une cliente entre dans mon cabinet, lui montrer, comme dans un miroir la vie qu'elle se prépare. Elle ne m'écoute pas, s'exagérant des griefs qu'au tribunal je suis obligé de traduire avec mon éloquence, car telle est ma mission... Mais si les femmes voulaient entendre la voix de la raison, elles rentreraient au toit conjugal, essayeraient de faire pardonner leurs torts, et par là retrouveraient le calme que ne peut leur apporter une situation équivoque.

— Mon chagrin est tel, dit Mme Paradis, que je n'ai pas à cette heure la netteté d'esprit suffisante pour profiter de vos bons avis... Vous êtes un ami, monsieur, vous me l'avez prouvé... Dites-moi seulement si j'ai raison de me retirer dans une profonde retraite?

— Vous agirez sagement, madame.

— Je compte laisser à peine à quelques amis dévoués le soin d'adoucir mes ennuis.

Quand Mme Paradis fut partie, l'avocat se laissa aller à un rire sarcastique :

— Ah! fit-il, la retraite d'Éléonore!

Pour la première fois Jacquelin regarda son patron comme une sorte de Méphistophélès.

— Vous avez, dit le clerc, prononcé un discours de procureur général.

— Cette dame Paradis me fatigue... Que vient-elle faire ici ?

Naturellement Jacquelin ne dit pas qu'il était au nombre des amis dévoués chargés de faire oublier à Éléonore ses chagrins.

— Elle est séparée, ajouta M⁰ Thèse, qu'elle reste séparée. J'ai plaidé pour elle, le reste ne m'intéresse pas... S'il fallait me préoccuper de l'avenir de toutes celles à qui j'ai prêté le concours de ma parole !..

— Cependant vous invitez chaque année vos clientes à un bal...

— Pour la montre, Jacquelin... C'est la collection des produits de mon industrie... Il existe une franc-maçonnerie entre les femmes qui ont brisé les liens conjugaux ; comme les cuisinières, elles font danser l'anse du panier du mariage... Je leur donne un bal pour leur faire croire qu'elles s'amusent... Elles voient des amies à qui elles content qu'on s'est fortement diverti chez moi... Tout Paris sait que M⁰ Thèse est l'avocat-né des femmes qui donnent des coups de canif dans le contrat... On se répète par le monde que je fais bien les choses et que j'entretiens mes clientes dans la gaieté... Mais c'en est assez, je ne veux plus de ces bals ; mes salons sont fermés... Ces dames y amènent des personnes équivoques, et j'en suis à mon *meâ culpâ*. Désormais je veux plaider pour les hommes, envers lesquels je me suis montré trop souvent injuste... Ils ont raison, ils doivent toujours avoir raison contre ces méchants enfants capricieux...

— Pourtant il y a des exceptions, hasarda Jacquelin.

— Pas d'exceptions ! Toutes les femmes sont sans pitié.

— Tout à l'heure vous avez vu couler de véritables larmes...

— Oh ! naïf Jacquelin, tu appelles véritables des larmes de carton !

Plus d'une fois ces discours se renouvelèrent entre le clerc et son patron. L'avocat exhalait contre toutes les femmes la bile qu'une femme lui occasionnait ; Jacquelin défendait le sexe féminin depuis qu'un de ses membres voulait bien l'honorer de ses faveurs.

Entouré des soins de Mme Paradis qui sans cesse mettait en avant ses sentiments « de mère », le clerc n'avait plus qu'Éléonore en tête, et, malgré l'intérêt qu'il disait porter à toutes les femmes, il négligeait celles qui mettaient leur cause entre les mains de son patron. Aussi la clientèle devenait rare, étant de celle qu'il faut pourchasser et serrer de près. Jacquelin négligeait d'aller aux municipalités et disait que les mariages faisaient défaut ; il ne lisait plus le journal de la *Gazette des futurs*, une feuille spéciale qui indique aux marchands la qualité des nouveaux époux.

Jacquelin était réellement pris par Mme Paradis, qui venait à toute heure le relancer dans son cabinet.

— Cette femme est une poix ! s'écria Me Thèse qui l'avait rencontrée de nouveau.

Le clerc craignant que Me Thèse ne finît par en découvrir le motif, pria alors Mme Paradis d'apporter quelque modération dans ses visites. Il n'était pas au bout. Jacquelin, qui n'avait pour appointements que trente francs par mois, vivait économiquement chez un de ses compatriotes, un petit tailleur de la rue de Sèvres, qui, ayant confiance en son avenir, le nourrissait, le logeait, et retapait les défroques que Me Thèse abandonnait à son clerc. A six heures précises, quotidiennement Jacquelin y prenait ses repas.

Un soir, que, fatigué des assiduités d'Eléonore, qui était déjà venue le matin chez Me Thèse, Jacquelin déployait sa serviette, le concierge monta essoufflé lui annoncer qu'un équipage était à la porte et que sa tante demandait qu'il voulût bien descendre lui parler.

— Ma tante ! s'écria Jacquelin. Quelle tante ?

— Elle ne m'a pas donné son nom, répondit le concierge ; mais c'est une personne généreuse, et je ne demande qu'à grimper souvent ces cinq étages pour elle.

Jacquelin, qui ne se connaissait pas de parente à Paris, hésitait.

— Cette dame se trompe certainement, dit-il, je n'ai pas de tante.

— Elle a parfaitement dit votre nom et votre emploi.

— Comment est-elle ?

— Un peu forte, c'est ce qui l'a empêchée de monter les escaliers.

A la corpulence de la dame, Jacquelin jugea qu'il s'agissait d'Eléonore.

— Dites que je n'y suis pas.

— J'ai assuré que vous dîniez en ce moment.

— N'importe, vous donnerez pour excuse que vous vous êtes trompé ; je n'y suis pas.

Le lendemain ne se passa pas tranquillement. A peine Jacquelin était-il entré dans son cabinet, que Mme Paradis y fit irruption, la figure éplorée, se posta devant le bureau du clerc et le regarda dans les yeux avec des regards plongeants.

Que de reproches Jacquelin eut à subir ! L'ingrat avait refusé de se rendre la veille à l'invitation d'Eléonore, qui venait le chercher pour le conduire au bois.

Certaines femmes qui ont dépassé la quarantaine sont terribles en amour; comme il leur reste peu de temps à consacrer à la galanterie, elles voudraient n'en pas perdre une bribe; malheureusement de telles obsessions évoquent chez les jeunes gens le souvenir de la liberté, et leur indépendance finit par se révolter.

Jacquelin commençait à sentir le poids d'une chaîne qui tous les jours se raccourcissait, et tous les jours lui enlevait de sa liberté d'action.

Pourtant Eléonore accablait Jacquelin de cadeaux. C'étaient des bagues en si grande quantité que le clerc en eût pu mettre à chaque doigt; des cravates, des épingles, des boutons de chemise, toute la bijouterie amoureuse à laquelle s'adjoignait la papeterie. Le clerc possédait maintenant du papier à lettre de couleur azurée à son chiffre, des bâtons de cire parfumée à donner envie de cacheter des billets doux toute la journée, des plumes à pointe de diamant, des ciseaux contre la réception desquels Jacquelin avait dû donner deux sous afin que l'amitié ne fût pas coupée par les lames, un cachet à manche d'agate enchassant une pierre fine sur laquelle [était gravée : *Fidélité*.

Ce petit matériel de bureau, tout à fait galant, n'avait rien de semblable avec les objets vulgaires qui sont employés d'ordinaire dans les études ; aussi M⁰ Thèse fut-il surpris un jour de trouver un dossier noué avec des faveurs de couleur aventurine.

— A quoi penses-tu d'entourer ces papiers avec des rubans de berger ? demanda-t-il à Jacquelin.

Le clerc prétendit que la ficelle rouge ordinaire manquait chez le papetier; mais l'avocat, remarquant l'embarras de Jacquelin, jeta un regard de côté sur les élégants objets entassés sur le pupitre.

— Jacquelin se dérange, dit M⁰ Thèse à Mᵐᵉ Gribeauval. Je me trompe fort si quelque amourette ne nuit à ses occupations.

— Ce lourdeau! y pensez-vous? s'écria avec un ton de dédain Mᵐᵉ Gribeauval.

— Pas si lourdeau que vous le croyez. On se trompe quelquefois sur la mine des gens. Vous vous rappelez quelle heureuse circonstance m'a permis de faire votre connaissance le jour même de votre mariage? Je ne me serais point trouvé à la mairie ce jour-là que Jacquelin ne m'en eût pas moins fait un rapport exact sur votre situation et celle de M. Gribeauval.

— Je le déteste, ce Jacquelin! s'écria Mᵐᵉ Gribeauval.

— On dirait, ma chère amie, que vous vous repentez de ce qui est arrivé.

Malgré un replâtrage récent, la situation de l'avocat et de la jeune femme était singulièrement tendue; les jours de brouillard étaient plus fréquents que les rayons de soleil. Ces alternances, M⁰ Thèse essayait de les supporter de son mieux. Pourtant il était peu d'heures où il ne regrettât de s'être laissé entraîner à cette liaison. Il n'en montrait rien toutefois, craignant par-dessus tout l'affreux Tempête, dont Mᵐᵉ Gribeauval jouait à sa fantaisie.

Ayant constaté l'effet désagréable qu'avait produit l'introduction du peintre, Mme Gribeauval l'employa dès lors comme arme défensive et offensive. Chacun des désirs de Delphine auxquels ne souscrivait pas à l'instant Me Thèse, était suivi du retour de Tempête, qui sans façon s'installait dans la maison. L'avocat invoquait-il un travail pressé qui l'empêchât de conduire Mme Gribeauval au théâtre :

— Je vais envoyer chercher l'ami Tempête, disait-elle.

En effet, au jour, à l'heure, à la minute, le peintre réalisait les menaces de madame Gribeauval ; cette exactitude suprême, cette alliance si étroite donnaient à réfléchir à l'avocat. Qu'y faire ?

Parfois Me Thèse songeait aux bienheureux pays où pour une modeste somme on se débarasse d'un ennemi ; mais l'avocat connaissait trop son code criminel pour employer un tel moyen. Le mieux était d'attendre patiemment l'occasion propice pour briser une chaîne que de jour en jour Me Thèse trouvait plus pesante.

CHAPITRE XXI

L'avocat des coulisses.

Sur ces entrefaites, l'avocat fut appelé en province pour s'entendre avec une jeune dame qui cherchait à se débarrasser de son mari. M⁰ Thèse partit, heureux d'échapper à ses tracas d'intérieur. Il allait donc recouvrer sa liberté pendant une huitaine! Un prisonnier qui sort d'une prison cellulaire après une longue détention ne respire pas l'air avec plus d'avidité que l'avocat, à peine la machine à vapeur eût-elle dépassé la banlieue.

Les voyages sont aussi sains pour les tourmentes d'esprit que pour certaines maladies physiques. Plus d'un souci s'efface, plus d'une blessure morale se cicatrise hors des villes. M⁰ Thèse quittait Paris ayant sans cesse devant les yeux une image de Tempête hors de toute proportion et démesurément grandie; chaque tour de roue de la machine sur les rails amoindrissait cette figure désagréable. Il en était de même des soucis d'intérieur; eux aussi s'affaiblissaient de moment en moment et laissaient voir une figure de Mme Gribeauval plus séduisante que jamais.

Elle avait ses défauts : elle était femme. Et quand l'avocat pensait à la somme de caprices féminins que sa position lui avait permis d'approfondir, il qualifiait maintenant les ombres que Mme Gribeauval avait jetées sur son chemin de légèretés et de caprices. Ces caprices avaient leur utilité; un an tout entier ils remplirent la vie de l'avocat. Et il jugeait à cette heure de la profondeur de sa propre affection en se préoccupant des faits et gestes de la jeune femme.

Ce fut particulièrement dans ce voyage que M⁰ Thèse constata la force des liens qui l'attachaient à Mme Gribeauval. Loin d'elle il regrettait ses taquineries, ses querelles, ses brouilles, et il évoquait ses traits, ses charmes, sa personne tout entière, pour oublier la solitude dans laquelle il se trouvait.

Les huit jours que passa l'avocat en province lui parurent longs. En revenant, M⁰ Thèse se gendarmait contre les arrêts du chemin de fer qui l'empêchaient d'arriver assez tôt auprès de Mme Gribeauval. L'avocat pensait surprendre son amie, lire dans ses yeux la joie d'un retour, attestée par de tendres protestations.

A onze heures du soir, M° Thèse descendait précipitamment de fiacre à la porte de Mme Gribeauval, lorsqu'une autre voiture s'arrêta au même endroit. Une palpitation de cœur s'empara de l'avocat.

— C'est elle ! pensa-t-il.

Et il s'avança, les bras en avant, pour recevoir celle qui avait tellement occupé son esprit pendant le voyage. De la voiture sortit un homme qui, se tenant près du marchepied, offrait la main à une femme.

Un horrible serrement de cœur succéda au mouvement délicieux qui avait fait battre la poitrine de M° Thèse !

Mme Gribeauval descendait de voiture ; elle aperçut l'avocat immobile.

— C'est vous ! s'écria-t-elle.

Il n'y avait pas précisément d'élan dans l'exclamation de la jeune femme.

— Je ne vous attendais pas si tôt, fit-elle.

Ce sont de ces mots d'une dureté particulière que les femmes lancent à ceux dont elles ont sondé la faiblesse.

Si Mme Gribeauval ne paraissait pas émue, le personnage qui l'accompagnait se retirait à l'écart, évidemment troublé de son rôle.

— J'espère, dit la jeune femme à M° Thèse, que vous

joindrez vos remercîments à ceux que j'allais adresser à votre ami Albin, qui a bien voulu ce soir m'offrir sa loge au théâtre des Variétés.

Mme Gribeauval prit l'avocat par la main et poussa les deux hommes l'un vers l'autre, quoiqu'ils fussent embarrassés de leur situation. Après quoi Me Albin ayant demandé avec quelque timidité si le voyage avait été bon pour son confrère, remonta en voiture.

Il est des hommes qui s'emportent pour la moindre incartade des femmes. L'envoi d'un simple bouquet fait rouler des fracas de tonnerre; une excessive violence dans les paroles terrifie momentanément celles qui subissent de telles tempêtes; mais bientôt le calme renaît. L'homme a fait preuve de force et reprend sa sérénité. Il est une autre race, et c'est la plus nombreuse, dont l'éducation, maîtrisant les colères, les transforme en sourdes rancunes. Ces hommes qui offrent quelque analogie avec les ruminants, lentement broient leurs récriminations et les digèrent plus lentement encore. Plus sensibles aux blessures faites à leur amour-propre que les êtres violents, ils souffrent de se contraindre, et les paroles que volontairement ils empêchent de sortir de leur gosier les étranglent. L'emportement les effraye, car ils sont de nature réfléchie. Craignant d'aller trop loin dans un premier mouvement d'irritation, ils se taisent; mais leurs récriminations ne sont pas éteintes : comme des pucerons, elles déposent des œufs à l'intérieur et, à un moment, de ces œufs sortent des chenilles qui dévorent les pousses de l'espérance et laissent un terrain désolé là où devait germer une belle récolte.

Mᵉ Thèse passa une mauvaise nuit, sentant remuer les affreuses chenilles. Mᵉ Albin avait au palais la réputation d'un homme à bonnes fortunes ; les causes qu'il plaidait habituellement pour les actrices contre leurs fournisseurs, on savait en quelle monnaie elles étaient payées. A la tête d'une belle fortune, Mᵉ Albin ne recherchait pas d'autres émoluments ; il aimait le plaisir, les plaisirs lui tenaient lieu d'honoraires. Aussi l'avocat de coulisses avait-il le crane brillant et poli comme une boule d'ivoire ; mais cette calvitie était relevée par des regards s'échappant de paupières taillées en amande. Tout dans sa personne dénotait un triomphateur et un vainqueur de femmes. Mᵉ Albin leur avait même emprunté leurs plus délicates essences de toilette, et les plaisants du palais l'avaient surnommé Mᵉ Patchouli, à l'époque où cette odeur était à la mode.

Les poches constamment bourrées de loges de théâtre, l'avocat en profitait pour faire des gracieusetés à la magistrature, aux femmes de présidents et aux conseillères, ces plaisirs occupant une large place dans la vie des femmes.

Une élégante voiture pour venir chercher Mᵐᵉ Gribeauval et la ramener, un tête-à-tête dans la voiture, voilà ce qui particulièrement aigrissait M⁰ Thèse. Il avait espéré trouver à son retour des regards humides d'ivresse et il était reçu par : « Je ne vous attendais pas si tôt ! »

Pourquoi Mᵉ Albin avait-il paru gêné et s'était-il tenu à l'écart?

Ce qui blessait particulièrement Mᵉ Thèse était d'être supplanté par un confrère. Les jaloux ne sont pas sans rapports avec les casuistes. Un étranger eût fait la cour à Mᵐᵉ Gribeauval que l'avocat eût été moins blessé dans son amour-propre. Il existe des degrés si divers en amour! Être trompé sans le savoir n'est rien; avoir pour rival un inconnu est peu de chose; mais se rencontrer fréquemment avec celui qu'on soupçonne de courtiser une femme aimée, serrer la main d'un tel homme, craindre la révélation de sa bonne fortune dans l'oreille de gens qui vous railleront de vos malheurs, voilà qui est cruel pour les êtres vaniteux. Et Mᵉ Thèse, enclin à la vanité par sa profession, regardait sa robe elle-même comme entachée par les attentions du dangereux Mᵉ Albin.

— Il me faut une explication! pensa l'avocat.

L'explication se produisit naturellement le lendemain au déjeuner, car Mᵐᵉ Gribeauval amena la conversation sur le compte de Mᵉ Albin.

— Vous avez en lui un ami dévoué, dit-elle. Pendant

votre absence il m'a comblée de politesses.... C'est un homme du meilleur monde.

— M⁰ Albin fréquente trop les coulisses, dit l'avocat, qui crut jeter par là une pierre dans le jardin de son confrère.

— Il en rapporte des histoires si amusantes !

— M⁰ Albin aurait pu tenir un rang honorable au barreau, s'il n'avait pas perdu un temps précieux avec les filles de théâtre.

—La société de ces femmes, reprit Mme Gribeauval, ne lui a pas enlevé sa distinction.

Les paroles de M⁰ Thèse pour rabaisser son rival tournaient à sa louange dans l'esprit de Mme Gribeauval. L'avocat oubliait combien les femmes sont attirées par les hommes à bonnes fortunes.

Telle fut l'explication qu'attendait M⁰ Thèse. Il comptait montrer à la jeune femme combien il était dangereux d'apparaître en public au bras d'un homme jouissant d'une réputation de galantin ; il ressortait du débat que M⁰ Albin avait de nombreuses qualités, entre autres une voiture, des loges de théâtre à discrétion, qu'il fallait au contraire reconnaître ces attentions et même les provoquer par une prochaine invitation à dîner.

Le mieux en pareille occurence est d'attacher une pierre au cou de ses soupçons et de les noyer. M⁰ Thèse essaya ; mais toujours les soupçons surnageaient.

— Elle a trompé son mari, songeait-il, elle doit me tromper à mon tour.

Ce fut sous le coup de ces préoccupations que Mᵉ Thèse reconnut un jour dans le bureau de Jacquelin la voix de Mᵐᵉ Paradis. Il y avait un tel accent d'amertume dans la parole d'Eléonore que l'avocat écouta. Ce n'étaient plus les récriminations habituelles aux femmes. Aux injures succédaient des paroles de tendresse. Menaçante et suppliante tour à tour, Mᵐᵉ Paradis appelait Jacquelin ingrat et *mon bijou*.

Mᵉ Thèse apprit ainsi que Jacquelin manquait à ses rendez-vous, et combien Eléonore délaissée par le clerc devenait exigeante.

Jacquelin ne soufflait mot, convaincu de culpabilité. Sous le coup des poursuites de Mᵐᵉ Paradis, qui, depuis quelque temps, l'attendait à la sortie de l'étude et l'épiait à sa rentrée dans son logement, le clerc avait pris le parti qu'adoptent quelquefois les êtres faibles ; il s'était jeté dans les bras d'une autre.

Le soin que maintenant il prenait de sa personne, les épingles d'or qu'il attachait à ses cravates, les bagues qu'il portait à la main, avaient fait de Jacquelin un être qui attire les regards des femmes.

Un jour, le clerc rencontra Céleste Badin, qu'il n'avait pas revue depuis la fâcheuse aventure de la Closerie des Lilas.

La grisette jeta un regard de côté sur les brillants de Jacquelin, non pas qu'elle fût une de ces créatures qui ne croient qu'à l'argent, mais où se trouve-t-elle, la fille d'Ève que les bijoux n'attirent pas?

Céleste félicita le clerc sur sa bonne mine et ce ne fut pas sans une certaine émotion que Jacquelin retrouva la grisette, qui, par d'affectueuses paroles, cherchait à lui faire oublier la mésaventure du passé.

La jeune fille était « veuve » actuellement. Frédéric, le maître clerc qu'elle aimait, avait pris sa volée pour la province : il ne dansait plus des danses de caractère à la Closerie; il dansait à cette heure le pas du notariat dans les salons du sous-préfet de Coutances.

Céleste avait les yeux mouillés en parlant de Frédéric. Une bague galamment offerte par Jacquelin sécha les yeux de la grisette. On promit de se revoir le lendemain, de dîner ensemble et de causer des choses du passé.

Les choses du passé étaient si longues à remémorer que Jacquelin passa la nuit à les écouter chez Céleste Badin. La grisette contait avec esprit. Le clerc entreprit de la consoler, et ce fut avec étonnement que le petit tailleur de la rue de Sèvres, qui n'avait jamais mis en doute les bonnes mœurs de son pensionnaire, constata que maintenant Jacquelin ne rentrait plus la nuit, et que par là il était entraîné dans une série de mensonges, la prétendue tante du clerc venant tous les matins faire le pied de grue dans sa voiture et comblant le concierge de largesses pour obtenir des renseignements sur le compte de l'ingrat.

On pense quelles récriminations une telle conduite amena de la part d'Eléonore, qui, à juste titre, se regardait comme trahie. M₀ Thèse assista à cette scène. Jacquelin, se sentant coupable, répondait à peine par quelques monosyllabes.

— Vous me trompez, s'écria Eléonore, j'en suis certaine.

Un fonds de naïveté empêchait Jacquelin de s'en tirer par quelque adroite défaite.

— Au moins, reprit Mme Paradis, vous devriez avoir le courage de dire la vérité. Un honnête homme avoue qu'il n'aime plus... Je ne puis vous forcer à m'aimer... Mais parlez donc, défendez-vous !

Le clerc restait cloué sur sa chaise comme sur une sellette.

— Je vous en prie, madame, dit-il enfin... Si mon patron revenait !

— Qu'est-ce que mon amour a de commun avec votre patron? Et, quand il le saurait, M₀ Thèse comprendrait qu'un cœur aimant comme le mien ne peut rester vide... Mais vous, vous n'avez pas de cœur ! Vous me laissez deux jours sans nouvelles... Il était si facile de faire savoir à votre amie que vous ne l'oubliez pas...

— Madame, je n'ai pas une minute à moi... Voyez ces dossiers, fit Jacquelin.

Sur le bureau étaient étalées des liasses de papiers timbrés.

— Vos dossiers me font horreur, dit Mme Paradis en mettant la main sur les papiers.

Jacquelin changea de couleur en se rappelant que dans une circonstance à peu près semblable ils avaient déjà servi de projectiles.

— Je vous en prie; madame, dit-il, ne touchez pas à ces dossiers.

Eléonore regarda le clerc dans les yeux et, d'une main agile, saisit une feuille de papier glacé, mêlée aux nombreux timbres accumulés.

— Qu'est-ce que cela ? s'écria-t-elle.

Jacquelin ne répondait pas. Mme Paradis alla vers la fenêtre et lut :

« *Demain dimanche, ma chère Céleste, nous dînons en tête à tête à Robinson ; prie ta patronne de te laisser partir de l'atelier à midi précis. Aime-moi, ma petite Céleste, comme t'aime ton Bibi chéri, Jacquelin.* »

— Ah ! le monstre !... Vous reconnaissez cette écriture ? demanda Mme Paradis.

Cinq secondes qui parurent à Jacquelin cinq siècles succédèrent à la découverte de la lettre fatale.

— Tu ne m'en veux pas d'avoir fouillé dans ces papiers, n'est-ce pas ? s'écria Eléonore... Je t'en prie, Jacquelin, ne me bats pas !

Le clerc anéanti baissait la tête.

CHAPITRE XXII

L'innocent séducteur.

— Il a osé la battre ! Une femme ! s'écria Mme Gribeauval en apprenant par l'avocat, stupéfait de la conduite de son clerc, les péripéties de cette dramatique matinée.

Comment le candide Jacquelin, qui avait mené une conduite si réservée jusqu'alors, en était-il arrivé à de tels excès ?

— Ah ! si un homme commettait une telle lâcheté à mon égard ! reprenait Mme Gribeauval. Quand je vous disais que ce Jacquelin ne m'inspirait que de l'antipathie !

Et pourtant j'étais loin de soupçonner les violences de ce caractère sournois...

M⁰ Thèse songeait.

— Vous ne pouvez conserver un tel homme dans votre cabinet !... Quel exemple pour le défenseur des femmes d'avoir sans cesse à ses côtés un vaurien qui maltraite des êtres sans défense !

— Cette dame Paradis, fit l'avocat, est tellement insupportable qu'elle a sans doute poussé Jacquelin à bout.

— Pouvez-vous excuser une pareille brutalité? s'écria Mme Gribeauval. D'ailleurs est-il convenable que vous tolériez une semblable liaison maintenant que vous en avez des preuves ?..

— Ce pauvre Jacquelin m'était d'une telle utilité...

— N'allez-vous pas le plaindre ?.. Je vous le répète, il faut un exemple...Votre position vous oblige à faire savoir à votre clientèle que vous chassez de chez vous un homme de mauvaises mœurs..

— A ce compte, tous les hommes pourraient être accusés de mauvaises mœurs... Je ne sais vraiment en pareil cas qui doit être incriminé de Mme Paradis ou de Jacquelin.

— Vous aussi prenez parti contre les femmes... Vous ne valez pas mieux que votre clerc...

— C'est aller bien loin, ma chère amie...

— Mme Paradis n'était-elle pas trop bonne pour ce Jacquelin ? Elle l'accablait de cadeaux, vous en avez les preuves...D'un garçon mal élevé elle tentait de faire quelque chose... Et c'est par des violences qu'il récompense sa bienfaitrice ! Un tel homme est dangereux, vous dis-je. Qui sait ce que vous-même avez à craindre de ses emportements !

— Depuis quatre ans que Jacquelin est chez moi, il n'a montré que des signes de douceur.

— C'est un hypocrite, bien plus dangereux encore quand il lèvera tout à fait le masque.

— Il faut, dit Me Thèse, que les femmes changent du tout au tout le caractère des hommes ; rien dans la conduite de mon clerc ne faisait présager de semblables violences...

— A votre aise, excusez-le ! s'écria Mme Gribeauval. Pour moi je ne saurai vivre plus longtemps sous le même toit que ce Jacquelin qui vous coûte tant à renvoyer... Un jour ou l'autre, moi aussi, il m'insultera...

— Y pensez-vous, ma chère amie ! Jacquelin vous a-t-il donné quelque preuve d'impolitesse ?

— Au contraire, je lui trouvais une mine doucereuse qui ne me plaisait pas... Mais en voilà assez... L'un de nous deux doit sortir d'ici... Choisissez !

L'avocat réfléchissait. Mme Gribeauval ne voulut pas lui

laisser un choix dangereux, car un être moins faible que Mᵉ Thèse eût saisi l'occasion de rompre une chaîne si lourde.

— Je comprends, reprit Mᵐᵉ Gribeauval, que vous éprouviez quelque embarras à donner congé à un employé qui vous intéressait par sa jeunesse... Aussi me chargerai-je de faire entendre à M. Jacquelin que des questions de convenance l'empêchent de rester dans une maison où le respect dû à de faibles femmes est la première loi. Je parlerai sans colère, mais avec fermeté... Et pour que votre clerc sorte d'ici sans rancune, je lui offrirai de votre part trois mois d'appointement comme dédommagement.

Mᵉ Thèse accepta cette transaction, qui eût abouti sur l'heure si, à la suite de la scène avec Mᵐᵉ Paradis, Jacquelin ne fût sorti pour essayer de reprendre ses esprits.

Le *je t'en prie, ne me bats pas* d'Eléonore était une des paroles les plus étranges que le clerc eût entendues de sa sa vie. Une pluie de grenouilles fût tombée dans l'encrier de Jacquelin qu'il n'eût pas été plus surpris. Battre une femme, jamais le clerc n'y avait songé. Sans doute Mᵐᵉ Paradis le fatiguait de ses poursuites ; mais y avait-il matière à une brutalité, que l'innocent Jacquelin eût à peine pardonnée à un charretier?

Si quelqu'un avait mérité d'être châtié dans cette circonstance, n'était-ce pas le clerc par sa coupable conduite ? Or, Jacquelin, quand Mme Paradis s'empara de la lettre, crut voir dans l'air une grêle de soufflets s'abattre sur sa propre figure, et son anéantissement témoignait que d'avance il était résigné à ce châtiment.

Il avait trompé Eléonore !

Les petits cadeaux qui devaient, suivant l'opinion de la dame, entretenir une amitié durable, étaient allés aux mains d'une grisette ; celle qui donnait tant de gages d'une réelle affection, Jacquelin la fuyait. Le clerc se sentait réellement coupable, passible d'un châtiment ! Et à la place de ce châtiment légitime, une douce victime s'offrait avec ces mots : *je t'en prie, ne me bats pas !*

Toute la vie Jacquelin entendrait tinter de telles paroles comme un glas. D'abord la pensée lui vint de courir chez Mme Paradis pour se disculper et la supplier de ne pas croire à la pensée d'une semblable brutalité ; puis il réfléchit qu'une lettre expliquerait plus facilement son repentir de n'avoir pu lui conserver un cœur dont Céleste Badin avait pris possession.

Le clerc était naïf. Il ne comprenait pas que Mme Paradis, voyant la confusion d'un trompeur accablé par la découverte de sa lettre, préférait un semblant de violences à une explication impossible, pour qu'ensuite Jacquelin redevînt tendre comme par le passé. *Je t'en prie, ne me bats pas* était la perche qu'Eléonore tendait au clerc pour le tirer d'embarras. A la suite d'une vivacité qui ne déplaît pas à certaines femmes, un raccommodement devait avoir lieu qui éteindrait momentanément toute récrimination.

Jacquelin ne se rendit pas compte de cette politique féminine ; mais ce qui l'étonna le lendemain, car il ignorait que M⁰ Thèse eût eu connaissance de la scène, ce fut l'entrée de Mme Gribeauval dans son cabinet et l'attitude qu'elle prit.

Rarement la jeune femme s'y était arrêtée. A la façon dont elle posa la main sur une chaise, le clerc comprit que celle qu'il appelait sa patronne, et qu'en cette qualité il traitait avec déférence, ne traversait pas seulement la pièce, ainsi qu'il lui arrivait quelquefois, pour se rendre près de M⁰ Thèse.

Elle non plus, Mme Gribeauval, malgré sa volonté fermement exprimée d'éconduire le clerc, ne se trouvait pas sans une certaine émotion en face de l'homme qu'elle croyait avoir battu une femme.

— Monsieur, dit-elle, je suis chargé de vous faire une communication de la part de M⁰ Thèse.

Jacquelin surpris leva la tête.

— Ce que j'ai à vous dire est délicat et mérite toute votre attention.

Jacquelin déposa sa plume sur le bureau.

—Vous êtes, monsieur attaché depuis assez longtemps

à ce cabinet pour vous rendre compte de la gravité des affaires qui s'y traitent, dit Mme Gribeauval. Me Thèse a donc été douloureusement surpris en apprenant que vous trahissiez sa confiance.

— Trahir sa confiance ! s'écria Jacquelin.

— Je m'explique... On vous reproche, monsieur, d'avoir détourné de leurs devoirs certaines clientes de votre patron.

— Détourner des femmes de leurs devoirs ! répliqua le clerc stupéfait.

— Vous comprenez, monsieur, que le cabinet d'un avocat est une sorte de confessionnal où les détails les plus intimes sont murmurés plutôt que confiés à l'oreille du défenseur... Si quelqu'un abusait de ces confidences...

— Je vous jure, madame, que je n'ai jamais parlé à quiconque de ce que j'entendais ici.

— Ce ne sont pas, monsieur, vos indiscrétions qui sont précisément en jeu. On se plaint que, armé de ces confidences, vous ayez joué trop facilement le rôle d'un séducteur.

— Eléonore aura porté plainte contre moi, pensa Jacquelin.

— Grâce à ces confidences, continua Mme Gribeauval, vous auriez pris sur certaines personnes un empire tel qu'elles subissent en tremblant des menaces...

Le clerc ne douta plus que Mme Paradis ne se fût vengée en le dénonçant à son patron.

— Ces menaces auraient été suivies d'effet, et le cabinet que vous occupez serait devenu le théâtre de violences...

Madame Gribeauval hésitait, craignant l'emportement du clerc. Il ne répondait pas, elle continua :

— Le théâtre de violences indignes d'un galant homme. Quels que soient vos griefs contre une femme, était-il généreux de vous montrer sans pitié et de la frapper?

— Oh! s'écria Jacquelin, oh! madame!

Il n'en dit pas plus; mais ce fut un cri tel que l'injustice en arrache à l'innocence, un de ces accents émus qui répondent particulièrement au cœur de la femme.

En ce moment les yeux de Jacquelin lançaient des éclairs d'indignation. Après un instant de silence :

— Et vous pouvez croire à de semblables calomnies, madame! Non, je ne devais pas attendre qu'une telle accusation partît de vous, madame, que j'ai vue sous le poids d'une grave affaire et qui devriez vous montrer pleine de pitié pour ceux qu'on accuse injustement... Si vous me connaissiez, madame, vous n'auriez pas cru à une telle indignité et vous vous seriez dit: Jacquelin est innocent... Mais que me sert-il de me défendre? Vous êtes prévenue contre moi ; ma défense serait trop longue, vous n'avez pas le temps de l'écouter...

Je quitterai cette maison... Injustement accusé, je ne peux y rester... Tôt ou tard on connaîtra la vérité...

La voix de Jacquelin s'éraillait, ses yeux devenaient humides. De ses mains tremblantes il ouvrait les tiroirs de son bureau comme pour en faire sortir des preuves.

En ce moment Mme Gribeauval, convaincue de l'innocence du clerc, se demanda dans quel but Me Thèse lui avait fait part d'une histoire que l'accent du clerc prouvait fabriquée à plaisir. La cause de l'invention de cette calomnie, Mme Gribeauval ne s'en rendait pas compte, elle-même ayant provoqué le renvoi de Jacquelin.

Les personnes fertiles en astuces sont disposées à douer de la même fertilité de ressources ceux qui les entourent. Je pense ainsi, les autres pensent comme moi, tel est leur raisonnement. Mme Gribeauval en arriva à se persuader que si l'avocat consentait si facilement à l'éloignement de son clerc, c'est qu'il en était jaloux, oui, jaloux de Jacquelin !

Jetant un coup d'œil sur celui auquel jusqu'alors elle n'avait fait nulle attention, Mme Gribeauval fut frappée du changement qui s'était opéré dans la personne du clerc. Ses allures de campagne il n'en restait d'autres traces qu'une santé florissante. L'éducation de Mme Paradis portait ses fruits. Jacquelin avait abandonné les habits de son patron et portait des vêtements en meilleure harmonie avec ses membres découplés. Un cou qui ne manquait pas d'élégance, se détachait de la cravate ; grâce aux soins d'un coiffeur, la chevelure du jeune homme était accommodée avec plus de laisser aller. Le pataud avait disparu, et l'émotion de cet entretien lui donnait un caractère particulier.

— Je ne vous crois pas si coupable qu'on me l'avait fait entendre, monsieur Jacquelin, dit la jeune femme... Cependant il me reste à vous demander, si vous voulez bien, certains détails... Vous entreteniez des relations avec Mme Paradis ; vous l'avez séduite...

— Moi...! s'écria le clerc. Ah! j'en ai gros sur le cœur...! Si quelqu'un a été séduit, c'est moi...

— Vous? reprit madame Gribeauval en souriant.

— Oui, à la suite du bal donné par mon patron... Je ne vous souhaite pas de mal, madame ; mais si vous aviez la tête prise par une migraine semblable à celle qui me tenait le lendemain.. Et, ce travail que me demandait madame Paradis! Elle m'a guéri, il est vrai, — mais aussi quels moyens singuliers a-t-elle employés !

Ici Jacquelin s'arrêta.

— Quels moyens? demanda Mme Gribeauval.

— Je ne saurais comment dire...

— Ne craignez rien, Jacquelin.

— Tenez, fit le clerc en se levant.

La curiosité de la jeune femme était excitée à tel point qu'elle laissa renouveler par Jacquelin la leçon qu'il avait reçue d'Eléonore.

Penché sur le dos de la chaise de Mme Gribeauval, le clerc apposait ses mains sur le front de celle que jusque-là il avait à peine osé regarder. Sous le coup d'une accusation qui l'avait mis hors de lui, Jacquelin ne se rendait plus compte de son audace à cette heure. Sous sa main battaient des tempes émues; des sourcils et des cheveux de la jeune femme s'échappait une électricité brûlante qui traversait les mains du clerc et se répandait dans tout son être.

Ni l'un ni l'autre ne parlaient.

Comment se fit-il que la main de Jacquelin rencontra la main de Mme Gribeauval, qu'une douce étreinte en résulta, et que la jeune femme murmura :

— Vous êtes un noble cœur!

Tout d'un coup Delphine, comprenant le danger d'une telle situation, se leva, ouvrit la porte du cabinet et s'écria :

— Vous me direz tout.

— Oui, tout, répondit Jacquelin transporté au septième ciel.

Me Thèse, entrant quelques instants après dans le cabinet, trouva son clerc en proie à une extase qui se changea en un trouble profond, trouble que l'avocat rejeta sur le congé que venait de recevoir Jacquelin, et sur les détails duquel M⁰ Thèse désirait ne pas s'entretenir.

CHAPITRE XXIII

Trahison découverte.

Ce jour-là, au dîner, l'avocat remercia Mme Gribeauval de l'intérêt qu'elle portait à son honorabilité. Me Thèse avait réfléchi et trouvait qu'en effet son clerc ayant manqué de délicatesse à l'égard d'une femme, il était utile de l'en punir et de rendre la cause du renvoi de Jacquelin assez publique pour qu'on en parlât au palais.

Toujours préoccupé des malins propos qui avaient circulé à la suite de son bal, Me Thèse, en se privant d'un clerc dévoué, prouvait que le cabinet d'un spécialiste en matière de séparations ne peut devenir le théâtre d'intrigues scandaleuses. Tant pis si les coquetteries de

M*me* Paradis étaient dévoilées; elle devait porter en compagnie de son séducteur le poids d'une faute dans laquelle tous deux étaient tombés.

Déjà l'avocat avait jeté les yeux sur un vieux clerc, qui, par ses cinquante ans et son aspect renfrogné, chassait toute idée d'intrigue à l'avenir.

— Je suis d'accord avec vous sur le principe, dit M*me* Gribeauval; mais il est imprudent de terminer si brusquement une telle affaire. M. Jacquelin ne doit pas devenir un ennemi pour vous; je l'ai sondé... Il faut craindre sa rancune... Le renvoyer avec une telle précipitation serait agir avec lui comme avec un domestique à qui vous donnez son compte.

— Mais j'ai traité avec ce vieux clerc; il viendra demain.

— Au nom du ciel! mon ami, qu'il n'en soit rien. Vous me disiez que, depuis son entrée ici, M. Jacquelin avait témoigné d'un grand dévouement pour vous.

— Il paraissait en effet attaché à ma personne...

— Prenez garde que ce dévouement brisé ne se change tout à coup en une vengeance d'autant plus dangereuse qu'elle jaillirait d'un cœur ulcéré.

— On n'a pas le cœur brisé pour quitter une place de cent écus.

— Ce n'est pas l'argent qui sert de mobile à M. Jacquelin... Il me le faisait entendre, disant qu'il n'aurait pas de peine à trouver une position plus lucrative si l'admiration que votre éloquence lui inspire ne le retenait auprès de vous...

— A-t-il dit que peu à peu je l'avais formé, qu'il est sorti de son village ignorant comme une crasse, et que, tel que vous l'avez remarqué il y a un an, vous le traitiez à juste raison de pataud ?

— Son éducation, M. Jacquelin la reconnaît lui-même, et vous en reporte toute la gloire. C'est un élève, un disciple que vous avez formé. Et, justement à cause des soins dont vous avez entouré ce pauvre garçon, vous ne pouvez le renvoyer comme le premier venu. Aussi ai-je fait entendre à M. Jacquelin que ses talents voulaient un meilleur théâtre, et que, pour récompenser ses bons offices, vous vous occupiez à lui chercher une position digne de son mérite.

— Quelle position voulez-vous que je lui trouve ?

— Je parlais ainsi pour préparer M. Jacquelin à sortir d'ici...

— Combien les femmes sont capricieuses ! Ce matin vous étiez au comble de l'indignation ; maintenant il est question de mérite et de récompense...

— Songez, cher ami, quelle délicate mission vous m'avez confiée ! J'ai cru agir prudemment... M. Jacquelin connaît vos secrets, ceux de vos clients. Jugez-vous utile

qu'il les dévoile au dehors ? Il fallait tourner la difficulté...
M. Jacquelin ne se doute de rien; à votre place, pour l'entretenir dans l'illusion, j'augmenterais ses appointements.

M⁰ Thèse se récria; mais il avait affaire à forte partie, et ce qui devait miner la position de Jacquelin la consolida.

Toutefois la vie du clerc n'en resta pas moins troublée. Trois femmes à cette heure se disputaient son cœur. Sans doute Eléonore était sacrifiée à jamais, mais comme elle ne discontinuait pas ses poursuites, Jacquelin continua à se réfugier chez Céleste Badin, que Mme Gribeauval, malgré tous ses charmes, ne faisait pas oublier. Le clerc en était à ce moment de la vie où le manque d'intérieur fait commettre de graves fautes à tant de jeunes gens. Entendre caqueter à son réveil une jolie fille, lui communiquer le soir ses impressions de la journée, forgent des chaînes difficiles à briser.

Mme Gribeauval n'eut pas de cesse qu'elle ne connût les peines de celui qu'elle avait appelé « noble cœur. » Jacquelin conta sa liaison avec Eléonore, les poursuites dont elle l'accablait et les gages affectueux qu'il en avait reçus.

— Ne me parlez jamais de ces souvenirs, dit Delphine.

Jacquelin renvoya à Mme Paradis ses cadeaux, et fut récompensé de ce sacrifice par mille autres objets qui prenaient leur prix dans la façon dont ils étaient offerts. Maintenant il ne pouvait plus ouvrir son pupitre sans y trouver un souvenir de Mme Gribeauval, et de telles preuves d'amitié auraient rendu Jacquelin heureux s'il n'eût été obligé de tromper Céleste Badin, qui se plaignait de le trouver froid et peu communicatif.

Jacquelin, en effet, osait à peine desserrer la bouche de peur de laisser passer son secret. Quelquefois le clerc songeait à rompre avec la grisette; mais elle était si gaie, si avenante et elle répondait si bien à la propre jeunesse de Jacquelin, qu'il ne pouvait se résoudre à cette séparation.

Quant aux relations avec Me Thèse, le clerc ne lui parlait plus que la tête basse, craignant que son patron ne lût dans ses yeux qu'il le trahissait.

A tout instant, Mme Gribeauval entrait dans le cabinet, et enlevait le clerc à ses travaux pour provoquer ses confidences.

Jacquelin ne se rendait pas compte de l'auréole dessinée en traits enflammés autour de sa tête par les poursuites d'Eléonore. Aux yeux de Céleste Badin, comme à ceux de Mme Gribeauval, le clerc avait déterminé chez une autre femme une passion violente : ce sont en amour des bons points dont bénéficient les hommes.

Delphine offrit son portrait à Jacquelin et lui demanda

le sien en échange. Formé en peu de temps par ces diverses bonnes fortunes, le clerc s'était décidément métamorphosé en joli garçon ; et si les yeux de Jacquelin semblaient battus parfois, ils n'en étaient que plus intéressants.

Le portrait d'après le clerc était agréable et bien venu. Mme Gribeauval pria Jacquelin de la conduire chez son photographe, afin que tous deux fussent représentés dans un même cadre.

Le clerc se laissait aimer sans jamais faire d'objections aux caprices de Delphine. La composition réussit merveilleusement. La tête penchée sur l'épaule de Jacquelin, un bras autour de sa taille, Mme Gribeauval semblait évoquer de tendres souvenirs pour les faire passer sur sa physionomie souriante ; malgré les habits modernes, un tel groupe faisait penser à Héro et Léandre.

L'image fut réduite afin d'entrer dans un élégant médaillon que Delphine portait attaché à sa montre. Dans ce médaillon avaient pris place tour à tour l'agent de change Monestrol, le pianiste Stanislas, Tempête, Me Thèse et son confrère, l'avocat Albin.

Jacquelin, sans se douter qu'il détrônait tous ces heureux du passé, était fier de porter une semblable image ; mais il fallait la cacher aux yeux de Céleste Badin. Aussi le clerc était-il pris de transes semblables à celles d'un homme qui a trouvé un objet précieux, et indûment veut se l'approprier. C'étaient des cachettes à trouver chaque soir dans la mansarde pour loger le bijou guilloché, les poches et les goussets ne suffisant pas à le dissimuler. Soucis non sans charmes qui rappelaient sans cesse à Jacquelin le souvenir de Delphine.

Peu à peu ces inquiétudes se dissipèrent. Après quelques bouderies, Céleste Badin parut accepter la nouvelle manière d'être de son ami ; de son côté, Mme Paradis ayant sans doute compris qu'il ne lui restait plus d'espoir, avait peu à peu discontinué ses poursuites.

Me Thèse s'était rendu aux raisons de Mme Gribeauval, et admettait même quelquefois Jacquelin aux honneurs de sa table. Suivant Delphine, il fallait enlever au clerc tout soupçon qu'on cherchait à se débarrasser de sa personne, et lui-même, l'avocat, jouissait actuellement d'une tranquillité relative, car l'odieux Tempête ne reparaissait plus à la maison.

Il est dangereux d'être trop admiré par un disciple ; à un certain moment l'admiration tendue se casse, et le plus fidèle des néophytes rêve de devenir maître à son tour. Jacquelin trompait Me Thèse et voyait actuellement des lézardes dans le talent de celui pour lequel il entonnait jadis des chants de triomphe. Son intimité avec Mme Gribeauval, qui raillait sans cesse l'avocat, se détachait chaque jour des parcelles du ciment qui entourait les pierres du monument élevé à M⁰ Thèse dans le for intérieur du clerc.

Grâce à la générosité de son patron, endoctriné par Mᵐᵉ Gribeauval, Jacquelin avait pu prendre sa première inscription de droit. Le futur docteur portait maintenant la tête haute. Sur lui l'avocat se déchargeait des menues causes, et le clerc, devenu présomptueux, croyait maintenant à ses camarades de basoche qui, persifflant les orateurs en' vue, parlaient d'un nouvel art oratoire à inaugurer sans les « rengaines » du vieux barreau. Les passages éloquents de Mᵉ Thèse que Jacquelin avait autrefois admirés étaient ceux-là mêmes qui fournissaient matière à ses railleries.

D'un disciple reniant son enseignement, Mᵉ Thèse se fût facilement consolé ; il connaissait assez la nature humaine pour savoir que l'enthousiasme le plus solidement établi en apparence a des pieds d'argile ; mais les préoccupations de l'avocat étaient à cette heure tournées vers une plus éclatante position. L'ambition remplissait son esprit.

Il y a des êtres chez qui le cynisme est naïf. — Le croirait-on? M⁰ Thèse espérait devenir bâtonnier de l'ordre. Son commerce de paroles avait si bien réussi jusqu'alors qu'il se demandait pourquoi il n'arriverait pas aux honneurs du bâtonnat.

Un jour que Mᵉ Thèse promenait ses rêves sur le boulevard, conversant avec son cerveau, mais laissant aller ses yeux à l'école buissonnière, il s'arrêta machinalement devant la montre d'un photographe.

Tout à coup l'avocat cligna de l'œil. Il avait aperçu le portrait de Mme Gribeauval et de Jacquelin !

Me Thèse crut se tromper. Etait-il possible que le clerc passât audacieusement son bras autour de la taille de Delphine, et que Mme Gribeauval se penchât sur l'épaule du jeune homme ?

L'avocat se crut le jouet d'une illusion. Et pourtant l'image était là qui ne laissait aucun doute ! Quelle hardiesse de se faire exposer dans une telle attitude en plein boulevard !

Me Thèse doutant encore se recula, tenta d'échapper à cette terrible image et revint comme attiré vers la montre. Oui, le portrait était bien celui de Mme Gribeauval; une petite cicatrice au-dessus du sourcil de Jacquelin avait été reproduite si exactement qu'elle ne pouvait laisser place à aucun doute. D'ailleurs telle était la pose favorite de Delphine qui, au début de sa liaison avec Me Thèse, s'était déjà fait représenter dans la même attitude, avec cette différence qu'actuellement le clerc remplaçait son patron.

En un instant, les échafaudages qui masquaient les trahisons de la jeune femme s'écroulèrent bruyamment, avec des amoncellements de plâtras et de poussière qui emplirent les yeux et la poitrine de l'avocat. Il respirait à peine, meurtri par cette démolition qui l'atteignait dans sa vanité et ses affections.

Mᵉ Thèse était dupé. Dupé à son tour comme M. Gribeauval, et plus durement que le mari, car rien ne forçait Delphine à perpétuer une liaison dont elle était fatiguée.

Les amants trompés ont un code particulier plein de commentaires divers. La liberté dans des liaisons consenties par les lois naturelles fait que l'homme se juge inviolable. Il admet qu'on trompe un mari et reconnait difficilement que lui, amant, puisse être trahi. En pareil cas, la vengeance la plus terrible semble légitime à quelques-uns.

Chasser Jacquelin et rompre à l'instant avec Mᵐᵉ Gribeauval fut l'idée qui se présenta tout d'abord à la pensée de Mᵉ Thèse. Ce n'était pas là une vengeance suffisante.

L'avocat monta chez le photographe et commanda son propre portrait ; mais un tel frémissement nerveux courait dans toute sa personne que l'image ne se fixa pas sur la plaque sans altérations. Cette opération, manquée à diverses reprises, fournit un thème de conversation à Mᵉ Thèse qui, se promenant dans les salons de l'industriel, retrouva encadrée une épreuve semblable à celle qui agitait ses nerfs.

— Ce sont deux personnes qui paraissent s'aimer tendrement, dit le photographe voyant son client arrêté devant le cadre.

Ainsi il était visible pour tous que Delphine et Jacquelin s'adoraient! Cette pensée fit mal à l'avocat; cependant, il tenta un effort sur lui-même :

— Sans doute, dit-il, deux futurs se sont fait représenter avant le mariage?

— Je ne les connais pas, répondit le photographe. L'épreuve me vient de mon prédécesseur, et, l'ayant trouvée dans un carton, je l'expose pour montrer au public que notre maison peut livrer des poses gracieuses... Les passants admirent beaucoup ce groupe.

L'avocat appela à lui tout son courage pour que son émotion ne le trahît pas. Il fit un tour dans l'appartement en faisant mine de chanter, revint se placer devant la photographie, mit une main devant ses yeux, se recula comme pour admirer en connaisseur le groupe qui lui déchirait le cœur, et s'efforçant de prendre des allures d'artiste :

— Je fais un tableau où sont représentés des amoureux, dit M⁰ Thèse. La pose de ceux-ci est si naturelle que je vous prierai de m'en céder une épreuve.

— C'est difficile, dit le photographe ; je ne possède que celle-ci et l'autre qui est à la montre.

— Alors, reprit l'avocat, soyez assez obligeant pour me confier pendant deux jours cette épreuve qui me suffira à faire un dessin. En vous la rapportant je viendrai poser... J'ai besoin de cinq cent grands portraits et de six mille cartes.

L'annonce d'un tirage si considérable décida le photographe qui, pour ne pas manquer une belle affaire avec celui qu'il regardait comme un peintre célèbre, laissa M° Thèse emporter le cadre.

L'avocat descendit l'escalier et traversa les rues avec la rapidité d'une hirondelle avant la pluie.

Il tenait dans ses mains un gage de la trahison de Delphine ! Il pouvait confondre les coupables ! Aucune négation n'était possible en face de ce portrait accusateur !

CHAPITRE XXIV

M. Gribeauval reparaît.

Depuis son échec au tribunal, M. Gribeauval avait à peu près oublié ses infortunes conjugales et ne s'inquiétait nullement du genre de vie de celle que la loi avait séparée de lui. Il retrouva même un certain calme après les orages qui amenèrent sa comparution devant la sixième chambre.

Ayant vécu célibataire jusqu'à l'âge de cinquante ans, M. Gribeauval n'eut pas de peine à reprendre son ancienne vie, s'efforçant de boucher par des économies les brèches que le mariage avait creusées dans son budget. Le seul regret cuisant qui restât au mari était la privation de certains revenus dont il s'était dépouillé en faisant donation par contrat à sa femme de l'hôtel, dont la location représentait six mille francs bon an mal an. Aussi maintenant M. Gribeauval faisait un détour pour ne plus passer dans cette rue, tant le souvenir de la propriété lui tenait au cœur.

Cette ombre exceptée, il ne se gendarmait pas inutilement contre son mariage. Il avait tiré un mauvais numéro : beaucoup d'autres étaient dans le même cas. Toutefois par instants M. Gribeauval s'avouait à lui-même qu'il s'était pris tard pour se lier de la sorte et qu'il avait manqué de prudence en se dépouillant du petit hôtel. Généreux, l'ex-célibataire l'était médiocrement. Pour faire contre-poids à un accès momentané de générosité, M. Gribeauval veillait plus que jamais à ses revenus. L'entassement de l'argent était maintenant le seul remède qu'il opposât à ses attaques périodiques de goutte.

Pour que sa vanité ne fût pas blessée par l'évocation de souvenirs fâcheux, M. Gribeauval ne voyait plus aucun de ceux qui avaient connaissance de son mariage ; il s'était retiré à Passy, hors des quartiers vivants, dans la rue qu'on appelle Basse, sans doute parce qu'elle est une des plus élevées qui domine Paris.

Aussi ne fut-il pas médiocrement surpris quand Me Thèse se présenta chez lui.

M. Gribeauval fronça le sourcil. Se trouver face à face

avec celui qui avait joué un rôle d'adversaire insulteur dans le procès, celui qui le lui avait fait perdre, celui qui, faisant allusion à ses instincts secrets, l'avait traité publiquement de *Grigouval !* Une telle visite semblait de l'impudence.

— Cher monsieur, dit M⁰ Thèse sans s'inquiéter de la réception, vous êtes un homme de sens, un esprit pratique ; je viens pour une affaire d'argent dont le résultat ne peut que vous être agréable, croyez-le.

M. Gribeauval regarda l'avocat sous ses lunettes.

— Que penseriez-vous, continua M⁰ Thèse, d'une opération financière dans laquelle, écoutez-moi bien, vous toucheriez deux cent mille francs sans engager de capitaux ?

— Deux cent mille francs ! s'écria M. Gribeauval, quoiqu'il se fût promis de ne pas desserrer les lèvres.

— Deux cent mille francs au bas mot.

— Une affaire de bourse ! Je n'y crois plus depuis mes malheurs avec ce Monestrol.

— Il n'y a pas l'ombre de jeu de bourse dans l'affaire.. Les deux cent mille francs seront liquides et réguliers...

M. Gribeauval regarda l'avocat d'un œil inquiet qui cependant laissait percer un : « Expliquez-vous ? »

— Vous savez, cher monsieur, que je ne me charge que des causes d'une réussite certaine... Si vous m'aviez écouté jadis, si vous aviez voulu suivre mes instructions, pardonnez-moi de revenir sur ces détails, moi, votre défenseur, je répondais de triompher... Vos légitimes griefs vous ont fait agir trop précipitamment ; votre adversaire en a profité.

Sans déguiser sa rancune, M. Gribeauval fit remarquer à M⁰ Thèse qu'il eût pu, connaissant les côtés faibles de l'accusation, ne pas se ranger du côté de la partie adverse.

— Ce n'est pas moi à qui il faut en vouloir, reprit l'avocat ; je me repens tous les jours de la spécialité que j'ai embrassée..

M. Gribeauval paraissait incrédule. Pour arriver à de meilleurs arguments, M⁰ Thèse tira un portefeuille de sa poche.

— Voilà les deux cent mille francs, dit-il en posant sur la table un paquet cacheté.

— Pour moi ? demanda M. Gribeauval ébranlé.

— Exclusivement pour vous.

D'une main fébrile, M. Gribeauval brisa la cire du papier, sentit un corps résistant, et trouva sous une enveloppe le portrait de Mme Gribeauval et de Jacquelin.

Désappointé, M. Gribeauval se leva avec des yeux irrités, semblant demander à l'avocat s'il voulait l'insulter.

Il avait réellement cru trouver une liasse de billets de banque.

— Ceci vaut un bon de deux cent mille francs sur le trésor, dit froidement Me Thèse.

— Allons donc ! s'écria M. Gribeauval.

— Reconnaissez-vous Mme Gribeauval ?

— Dites Mlle de Convenance.

— Mlle de Convenance, soit... Regardez, je vous prie, ce portrait en étranger, en curieux... Vous avouerez sans contredit que sur cette image le jeune homme paraît aimé? Il n'est pas aimé, il est adoré... Admettez-vous, cher monsieur, qu'une femme mariée se fasse représenter en compagnie d'un étranger dans une telle intimité ? Non, n'est-ce pas ?

— Quel rapport existe-t-il entre ce portrait et les deux cent mille francs?

— Patience. Il faut donc avoir perdu tout sentiment de pudeur pour oser rendre publique une liaison illicite.. Je dis publique, car je me fais fort de vous montrer ce portrait étalé en plein boulevard, aux yeux de tous... J'ai défendu bien des clientes ; mais je n'aurais jamais consenti à les assister, si j'avais eu contre moi un tel chef d'accusation.. Voilà les preuves que je vous demandais jadis, les voilà étalées sur ce bureau, dans vos mains, s'il vous convient de vous en servir. Ces preuves valent deux cent mille francs.

— Expliquez-vous

— Sans tarder il faut déposer une plainte au parquet contre Mme Gribeauval.

— Encore un procès!

— Tenez-vous aux deux cent mille francs?

— Sans doute ; mais...

— Je vous entends, vous avez conservé une fâcheuse impression de votre premier appel, et vous ne subiriez pas de gaieté de cœur les nouvelles acrimonies d'un avocat, de moi peut-être... Je vous ai donné de justes motifs de plainte... Eh bien ! je m'engage à ne pas prêter cette fois mon ministère à l'inculpée. Mieux encore.., je serai votre conseil et vous fournirai, ne pouvant décemment paraître en un tel débat, un mémoire écrit.

— Mais les deux cent mille francs ?

— Les motifs de votre nouvelle plainte exposés, le procureur général vous donne l'autorisation de requérir à toute heure de jour et de nuit un commissaire de police pour constater l'adultère.

M. Gribeauval secouait la tête d'un air de doute.

— Soyez sans inquiétude, cher monsieur, je me charge de tout... Je connais le séducteur qui a posé pour le portrait... Ses heures de rendez-vous me sont détaillées minute par minute... Vous n'aurez que des ordres à donner; c'est moi qui suivrai la piste...

— Comment le commissaire de police me fera-t-il trouver les deux cent mille francs ?

— C'est un bon signe que ce chiffre vous remue la bile... Le flagrant délit étant bien et dûment constaté, la coupable cette fois ne peut échapper à une condamnation... Alors par jugement vous rentrez en possession de l'hôtel dont vous aviez fait si légèrement donation à une épouse criminelle.

— Mais l'hôtel ne vaut que cent vingt mille francs.

— Il en vaudra deux cent et peut-être plus avant un an... Un boulevard doit passer par la rue, qui coupe en deux votre propriété... Vous êtes exproprié ; l'immeuble monte au bas mot à deux cent mille francs...

— Comment savez-vous ?

— Mes relations avec la ville m'ont permis de prendre connaissance du plan du nouveau boulevard... Et je me suis dit que ce qu'un autre appellerait un enchaînement de circonstances providentielles était fourni à un homme qui maintes fois s'est repenti d'avoir plaidé contre un ami... Maintenant me refuserez-vous votre main ?

M. Gribeauval réfléchissait et ne tendait pas la main.

— Combien, dit-il, l'ami demande-t-il de commission dans cette affaire ?

— Rien que l'extrême satisfaction de me réconcilier avec vous.

— Ce n'est pas assez, fit M. Gribeauval.

— Vous êtes devenu défiant, cher monsieur.

— Je suis payé pour l'être.

— Comment ! s'écria Me Thèse, voici un portrait précieux dont je me dessaisis pour vous ; je vous livre une preuve, la seule arme que j'aie entre les mains, et vous doutez encore de la sincérité de mes paroles ?

— De la sincérité de vos paroles, non ; mais le motif qui détermine ces confidences ?

— Vous ignorez donc ?

— Quoi ?

— Cette Delphine nous a si cruellement trompés !

CHAPITRE XXV

*Dénoûment qui ne sera peut-être pas goûté
toutes les femmes.*

A cette heure M⁰ Thèse se préoccupait médiocrement de la conduite de Mme Gribeauval, de ses caprices et de ses exigences. Il traitait même Jacquelin avec un redoublement de familiarité, attendant l'heure de se venger. Lui aussi pourrait dire à Delphine, comme elle l'avait fait le jour de l'introduction de Tempête au bal, qu'il est un terme aux coquetteries et aux trahisons.

En songeant à la liberté, M⁰ Thèse respirait : il allait donc être débarrassé de celle qui avait fait un enfer de l'intérieur, quand il lui eût été facile de se contenter d'un sceptre que l'avocat s'était plu à redorer sans cesse.

Déjà, grâce au concours de M. Gribeauval, la photographie accusatrice exposée sur le boulevard avait été saisie par un commissaire de police, et M⁰ Thèse attendait avec impatience l'issue du mandat confié à ce magistrat.

L'affaire eut enfin son dénoûment, et si le prologue avait jadis excité la curiosité du palais, le drame, par ses péripéties, est resté encore à l'heure qu'il est une sorte de légende judiciaire. Les éléments employés au début avaient si longtemps défrayé les conversations du barreau et de la magistrature, qu'on s'attendait à une cause fertile en surprises. L'opinion publique, mise en goût par le faux poitrinaire, demandait encore des détails plus piquants.

Rien ne manqua à la fête ; aussi l'affaire Gribeauval est-elle citée comme type dans les cas de séparations.

Le commissaire de police chargé de l'instruction au début était un esprit curieux et délié, servi par un regard qui lisait dans les plus secrètes profondeurs. Chef du bureau des délégations judiciaires, habitué à scruter les consciences troubles, l'homme, une fois lancé, appartenait à cette classe de chasseurs qui là où un de leurs confrères tue un maigre oiseau reviennent le carnier bourré de gibier.

A la piste d'une affaire, ce magistrat la poussait avec une telle rapidité que personne ne pût s'y opposer avant la remise des pièces de l'instruction entre les mains du substitut à la tête du petit parquet; car on voit maintes plaintes légitimes étouffées au début avec d'autant plus de facilité que le rapport n'est pas livré à la justice.

Il se pouvait que Mme Gribeauval disposât de fortes influences qui pouvaient parer le coup. La femme était séduisante. Il existe dans les fonctions les plus élevées des gens galants qui avertissent charitablement les personnes sur la piste desquelles court la police.

Me Thèse craignait de semblables influences; c'est pourquoi il avait conseillé à M. Gribeauval de requérir le commissaire des délégations judiciaires, qui ne lâchait jamais une affaire, n'étant arrêté par aucune séduction et allant droit où son devoir l'appelait.

Cependant le flagrant délit était difficile à constater. Les agents embusqués aux alentours du logement de Mme Gribeauval ne donnaient nul signal de galant à surprendre nuitamment.

Comme l'affaire ne pouvait traîner, une perquisition fut faite au domicile de la jeune femme et amena un nombre considérable de preuves; mais un détail se présenta tout à fait imprévu.

Au nombre des pièces saisies s'en trouvaient d'accablantes qui prouvaient la complicité de Me Thèse.

Le conseil de l'ordre des avocats s'émut; celui qui, par sa profession devait donner l'exemple au barreau, pouvait-il désormais faire partie d'une corporation jalouse de l'honneur de ses membres ?

D'ailleurs les journaux s'étaient emparés de l'affaire. L'avocat fut jugé indigne d'exercer à l'avenir et rayé définitivement du tableau de l'ordre par le conseil qui attendait depuis longtemps le moment de donner satisfaction à l'opinion publique.

Me Thèse, Mme Gribeauval et Jacquelin comparurent en police correctionnelle. L'avocat fut condamné à la même peine que ses complices, c'est-à-dire à trois mois de prison sur le réquisitoire de Me Séverin, qui se vengeait de sa précédente défaite et débarrassait définitivement M. Gribeauval de sa femme, moyennant une maigre pension alimentaire.

Tout le Paris spirituel et ami du scandale se préoccupa considérablement d'une affaire féconde en motifs piquants que rendait encore plus sensible la situation d'un avocat sur le banc de ceux qu'il avait défendus jadis.

Celui qui, jeune encore, assistait aux diverses péripéties de ce drame, a passé un hiver à les faire entrer dans le cadre d'un roman, se propose, pour les accentuer davantage encore, de les cacher derrière le masque railleur de Thalie sérieuse.

FIN.

TABLE

Chapitre I. — Le hasard met en présence d'estimables personnes dignes de faire connaissance   1
II. — Un mystérieux agent matrimonial. 15
III. — Vivre loin des foules ne saurait convenir à toutes les natures 31
IV. — La femme bon garçon 41
V. — Veine et déveine. 51
VI. — Jacquelin et sa curieuse industrie. 65
VII. — La comédie dans le parc 75
VIII. — Premier acte d'autorité conjugale de M. Gribeauval 91
IX. — Première consultation de M⁰ Thèse. 105

X.	— Seconde consultation plus agréable que la première	121
XI.	— Troisième consultation relative à un troisième soupirant.	133
XII.	— Me Thèse oublie la gravité de son ministère	143
XIII.	— Grand défilé d'avocat et plaidoiries intéressantes.	153
XIV.	— L'enseignement de Me Thèse appliqué à la Closerie-des-Lilas.	175
XV.	— Une cause célèbre.	187
XVI.	— Premier caprice bizarre	199
XVII.	— Singulières conséquences d'un paraphernal	219
XVIII.	— Un bal avec quelques surprises.	221
XIX.	— Le bal des femmes séparées de corps	239
XX.	— Jacquelin défenseur des femmes	253
XXI.	— L'avocat de coulisses..	267
XXII.	— L'innocent séducteur	279
XXIII.	— Trahison découverte.	291
XXIV.	— M. Gribeauval reparaît.	303
XXV.	— Dénoûment qui ne sera peut-être pas goûté par toutes les femmes	311

POUR PARAITRE FIN DE L'ANNÉE 1870
A LA LIBRAIRIE E. DENTU.

HISTOIRE
DE LA
CARICATURE AU MOYEN AGE

1 volume grand in-18 orné de plus de 100 gravures. — Prix : 5 fr.

Peintures de vitraux et de manuscrits, sculptures de chapiteaux et de stalles d'églises, M. Champfleury les a recherchées patiemment au point de vue de l'art satirique. Un tel travail manquait pour le moyen âge, et plus d'un monument nouveau a été signalé qui favorisera les recherches des archéologues et des historiens. Le *Diable*, la *Mort*, le *Renard* sont les principaux motifs de cet

ouvrage; mais combien de figures capricieuses entourent cette trilogie à propos de laquelle les érudits avaient tant écrit, sans éclaircir leur texte par des dessins qui sont la preuve la plus vive et le meilleur des commentaires. Les nombreuses vignettes de M. Kreutzberger jointes à l'*Histoire de la caricature au moyen âge* sont traitées avec le soin habituel qu'apporte M. Champfleury pour l'illustration de ses travaux d'érudition.

MÊME SÉRIE (EN PRÉPARATION) :
Histoire de la Caricature sous la révolution

Librairie E. DENTU, Galerie d'Orléans, Palais-Royal

HISTOIRE
DE LA
CARICATURE MODERNE
Par CHAMPFLEURY

2e édition. — 1 volume grand in-18, illustré de 116 vignettes. Prix : 5 francs.

« Ce livre est la suite et le complément du livre sur *la Caricature antique*. La lacune qu'il avait à combler dans l'esthétique est énorme, et c'est un véritable acte de courage que d'avoir tenté et mené à bien une série d'études sur des matières aussi délicates. Académies et clubs, gens sérieux et esprits futiles, fonctionnaires et bohèmes, politique et religion, tout est du domaine du caricaturiste.... M. Champfleury a particulièrement étudié les types du *Robert Macaire*, d'Honoré Daumier; du *Mayeux*, de Traviès; du *Joseph Prudhomme*, d'Henry Monnier. Il y a, distribués dans le texte, une quantité considérable de clichés des meilleurs croquis de ces artistes, gravés dans leur meilleur temps par leurs meilleurs graveurs. » (Ph. Burty, *Chronique des arts*.)

La première édition contenait 86 vignettes.
La seconde édition contient 118 vignettes.

Librairie E. DENTU, Galerie d'Orléans, Palais-Royal

HISTOIRE
DE LA
CARICATURE ANTIQUE
Par CHAMPFLEURY

2ᵉ édition. — 1 vol. grand in-18, illustré de 100 gravures. — Prix : 4 fr.

M. François Lenormant, dans *le Correspondant*, parle « du zèle et des soins scrupuleux avec lesquels M. Champfleury a colligé tous les monuments connus jusqu'à ce jour de l'art caricatural des anciens; des observations fines et ingénieuses dont le texte est rempli et auxquelles d'excellentes figures intercalées presque à chaque page donnent un intérêt de plus. »

L'éditeur ne peut mieux donner une idée des améliorations apportées à l'*Histoire de la caricature antique* que par un détail :

La première édition contenait 248 pages et 62 gravures.
La seconde édition contient 332 pages et 100 gravures.

Librairie E. DENTU, Galerie d'Orléans, Palais-Royal

HISTOIRE
DES
FAÏENCES PATRIOTIQUES
SOUS LA RÉVOLUTION
Par CHAMPFLEURY

1 volume grand in-18, illustré de 96 gravures dont 28 hors texte. — Prix : 5 francs

« Ce n'est rien moins qu'un journal que le livre dont nous essayons la rapide analyse; la logique nous entraîne même à

le classer dans la série historique, tout auprès du bel ouvrage de d'Hennin sur les monnaies révolutionnaires. »
(A. JACQUEMART, *Gazette des beaux-arts*.)

Librairie E. DENTU, Galerie d'Orléans, Palais-Royal

HISTOIRE
DE
L'IMAGERIE POPULAIRE
Par CHAMPFLEURY

1 volume grand in-18, illustré de 38 gravures. — Prix : 5 francs

SOMMAIRE DES PRINCIPAUX CHAPITRES

Le Juif-Errant. — Histoire du bonhomme Misère. — Crédit est mort. — La Farce des bossus. — Lustucru. — Le Moine ressuscité. — La Danse des morts en 1849. — L'Imagerie de l'avenir.

« Toutes les éditions populaires de la légende donnent des portraits du Juif-Errant d'après un même modèle. Il serait digne d'un artiste et d'un antiquaire de remonter à la source et d'en découvrir l'auteur, » disait M. Ch. Nisard.

C'est ce qu'a fait M. Champfleury développant l'idée et cherchant en Flandre, en Allemagne, en Angleterre et en Norwége, les ramifications des anciennes images populaires.

MÊME SÉRIE (EN PRÉPARATION)

Chants, légendes et traditions populaires de la France.
2 vol. in-18, illustrés.

PARIS. — IMP. SIMON RAÇON ET COMP., RUE D'ERFURTH, 1.

EXTRAIT DU CATALOGUE
DE LA
Librairie E. DENTU, Palais-Royal,
17 ET 19 GALERIE D'ORLÉANS, 17 ET 19.

L'ART AU XVIIIe SIÈCLE, études par MM. Edmond et Jules de GONCOURT, accompagnées de belles gravures à l'eau forte. En vente : *les Saint-Aubin, Watteau, Prudhon, Boucher, Greuze, Chardin, Fragonard, Debucourt, Latour, les Vignettistes (Gravelot, Cochin).* En préparation : Clodion, etc. Chaque étude forme une livraison in-4º, imprimée à Lyon, chez Perrin, et tirée sur papier vergé à 200 exemplaires seulement.
La livraison avec gravures. . . . . 5 fr. »

LES CÉLÉBRITÉS DE LA RUE par Charles YRIARTE. Nouvelle édition augmentée. 1 charmant volume grand in-18 jésus, orné de 40 types gravés . . . . 3 fr. 50

CE QU'ON VOIT DANS LES RUES DE PARIS, par Victor FOURNEL. Nouvelle édition. 1 vol. grand in-18 jésus . . . . . . 3 fr. 50

LES CHANSONS POPULAIRES chez les anciens et chez les Français. Essai historique suivi d'une étude sur la chanson des rues contemporaine, par Ch. NISARD, 2 forts volumes grand in-18 jésus. . . . . 10 fr. »

LA COMÉDIE DE JEAN DE LA BRUYERE étude d'après des documents inédits, par Edouard FOURNIER. 2 jolis volumes elzévir in-18 . . . . 6 fr. »

CORNEILLE A LA BUTTE SAINT-ROCH comédie en un acte, en vers, précédée de notes sur la vie de Corneille d'après des documents nouveaux, par Edouard FOURNIER. 1 charmant volume elzévir, petit in-8º vergé orné d'une jolie vignette et tiré à petit nombre. . . . . 4 fr. »

LES COURS GALANTES par Gustave DESNOIRESTERRES

Tome I : L'Hôtel de Bouillon, la Folie-Rambouillet, le château d'Anet, le Temple.
Tome II : Roissy, l'Hôtel de Mazarin, Chantilly, le palais Mancini, la cour de Zell.
Tome III : Le château de Clagny, l'hôtel la Touanne, l'hôtel Boisboubrand, la maison de Sonning, la Butte Saint-Roch.
Tome IV et dernier : Le château de Saint-Maur, la cour de Sceaux, Chatenay, l'hôtel de Mme de Lambert, la maison de Clichy.
4 jolis volumes in-18. . . . . 12 fr. »

CURIOSITÉS THEATRALES, anciennes et modernes, françaises et étrangères, par Victor FOURNEL. 1 vol. in-18. 1 fr. 50

LES CYTHÈRES PARISIENNES histoire anecdotique des bals de Paris, par Alfred DELVAU. Frontispice et 24 eaux-fortes, par Félicien ROPS et Emile THÉROND. 1 charmant volume grand in-18 jésus. . . . . 3 fr. 50

DICTIONNAIRE DES PSEUDONYMES

recueillis par Georges d'HEILLY. 2e édition entièrement refondue et augmentée. 1 fort volume grand in-18 jésus. . . . . . . 6 fr. »
Il en a été tiré quelques exemplaires sur papier de Holl. 12 »

ÉNIGMES DES RUES DE PARIS

par Edouard FOURNIER, 1 charmant volume in-18 . . . 3 fr. »

L'ESPRIT DANS L'HISTOIRE, recherches et curiosités

sur les mots historiques, par Edouard FOURNIER. 3e édition, revue et très-augmentée. 1 volume in-18. . . . . 3 fr. »

L'ESPRIT DES AUTRES, recueilli et raconté par Edouard FOURNIER. 4e édition, revue et très-augmentée. 1 charmant vol. in-18. . . . . 3 fr. »

HISTOIRE DE LA CENSURE THÉATRALE EN FRANCE, par Victor Hallays-Dabot. 1 beau volume grand in-18 jésus. . . . . 3 fr.

HISTOIRE ANECDOTIQUE DES BARRIERES DE PARIS, par Alfred Delvau, avec dix eaux-fortes par Émile Thérond. 1 volume grand in-18 jésus. . . . . 3 fr. 50

HISTOIRE DES LIVRES POPULAIRES OU DE LA LITTERATURE DU COLPORTAGE depuis l'origine de l'imprimerie jusqu'à l'établissement de la Commission d'examen des livres du colportage, par Charles Nisard. 2ᵉ édition revue, corrigée avec soin et considérablement augmentée. 2 vol. grand in-18 jésus ornés d'un très-grand nombre de gravures. . . . . . . 10 fr.

HISTOIRE DE LA MUSIQUE EN FRANCE depuis les temps les plus reculés jusqu'à nos jours, suivie de la liste chronologique des ouvrages qui forment le répertoire de l'Opéra et de l'Opéra-Comique, par Charles Poisot, 1 beau volume in-18. . . . . 4 fr.

HISTOIRE DE LA TABLE, curiosités gastronomiques de tous les temps et de tous les pays, par Louis Nicolardot. 1 volume grand in-18 jésus. . . . . 3 fr. 50

HISTOIRE DU PONT-NEUF, par Édouard Fournier. 2 volumes in-18 ornés d'une belle photographie. . . . 6 fr.